L'U.R.S.S.

et le Désarmement

(Dossier de la participation de l'U. R. S. S.
à la Commission préparatoire du désarmement
de la Société des Nations)

Préface d'Armand Charpentier

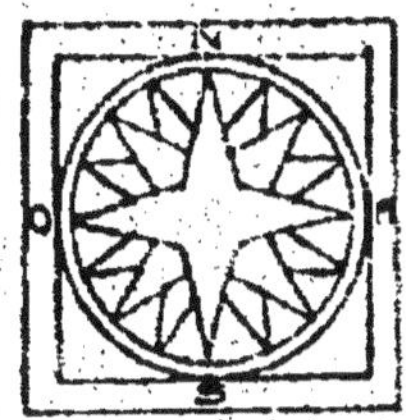

ANDRÉ DELPEUCH, ÉDITEUR
51, RUE DE BABYLONE, PARIS

1928

L'U.R.S.S.

et le

Désarmement

(Dossier de la participation de l'U. R. S. S. à la Commission préparatoire du désarmement de la Société des Nations)

Préface d'Armand Charpentier

Pour la première fois dans l'histoire de l'humanité, a été faite une proposition de désarmement complet, donc d'abolition définitive des guerres, non pas sous la forme d'une révolution ou d'un vœu pieux émanant d'une société pacifiste, mais sous la forme d'un programme concret soigneusement élaboré au nom d'un grand Etat occupant la sixième partie du globe.

Maxime Litvinov

ANDRÉ DELPEUCH, ÉDITEUR
51, RUE DE BABYLONE, PARIS

1928

PRÉFACE

Les Éditeurs de cette brochure ont bien voulu me demander de commenter, en une courte préface, la déclaration que Litvinov a lue à la Conférence du désarmement qui eut lieu à Genève, le 30 novembre 1927 et les documents qui la suivent. Je réponds d'autant plus volontiers à ce désir que, sauf une seule réserve que je formulerai par la suite, je suis en parfaite communion de pensée avec le Président de la délégation de l'U. R. S. S.

Le problème posé à Genève est infiniment simple. Et, s'il n'est pas encore résolu, c'est parce qu'il y a des hommes qui ne veulent pas le résoudre. Peut-être même en est-il qui ont peur de le voir résoudre. Dans l'esprit de Wilson, qui fut son véritable créateur, la Société des Nations devait avoir pour but principal de rendre désormais impossibles, entre les peuples, de nouveaux conflits. C'est là, — et nul ne songe à le contester — une pensée infiniment noble dont la réalisation serait pour l'humanité l'aurore d'une vie qu'elle n'a jamais connue.

Pensée noble! oui, mais aussi pensée nouvelle et qui, comme telle, ne peut aboutir que si les peuples renoncent aux conceptions sur lesquelles ils ont vécu jusqu'à présent et dont le vieil adage : Si vis pacem, para bellum, concrétise la sottise millénaire. Et voilà bien l'effort que les peuples ne veulent pas ou ne peuvent pas faire.

Si les hommes se donnaient la peine de réfléchir, ils s'apercevraient que jamais les nations européennes n'avaient été aussi formidablement armées qu'en 1914. Et si, cette constatation faite, les mêmes hommes faisaient preuve d'intelligence, ils comprendraient que ce sont les armements qui ont rendu la guerre inévitable, car chaque nation, certaine de la victoire, a donné libre cours à ses ambitions impérialistes.

Ce seul exemple suffirait à prouver que l'unique moyen d'assurer la paix consiste à ne pas préparer la guerre. Or, ne pas préparer la guerre, c'est désarmer, chercher une autre solution au problème de la paix, parler d'arbitrage, de sécurité, de limitation des armements, c'est vouloir arrêter la marée avec des monticules de sable.

Si, depuis huit ans qu'ils siègent à Genève, les délégués à la Société des Nations n'ont encore pu donner aux peuples la certitude d'une paix définitive, c'est parce qu'ils s'entêtent à vouloir concilier des choses inconciliables. Au lieu d'abattre, d'un coup de main, les conceptions du passé, ils cherchent à les adapter aux aspirations du présent. Or, il est aussi difficile de faire sortir la paix du vieux système des nations armées que de transformer une diligence en avion.

La grande force de l'U. R. S. S., dont Litvinov fut l'interprète, est d'avoir compris que le seul moyen de supprimer la guerre est de commencer par supprimer les armées, c'est-à-dire par désarmer les peuples.

C'est là une vérité tellement banale, que l'on éprouve en l'énonçant, l'impression d'écrire un truisme. Quand les enfants ont des velléités de jouer avec le feu on leur enlève les allumettes. Le jour où l'on aura supprimé les armées, les diplomates ne pourront plus jouer avec la guerre. Quel dommage que M. de la Palice ne soit plus de ce monde! Il eut été à Genève le représentant le plus qualifié pour parler au nom de la raison.

Mais les délégués à la Société des Nations sont des diplomates et, par définition même, les diplomates sont les hommes de la tradition, c'est-à-dire les ennemis acharnés de toute idée nouvelle, puissante, vivante. Leur conception de l'Univers, de l'Histoire, de la Vie des peuples est celle de l'immobilité. Il était donc fatal que la proposition présentée par Livitnov leur apparut comme un acte révolutionnaire.

Or, non seulement les paroles de Litvinov n'ont rien de révolutionnaire, mais — qu'il me permette de le lui dire, dussè-je l'attrister — elles ne sont même pas nouvelles.

En septembre 1869, à Lausanne, où la Ligue de la Paix

et de la Liberté tenait son Congrès, Victor Hugo prononçait ces paroles :

LES GUERRES ONT TOUTES SORTES DE PRÉTEXTES, MAIS N'ONT JAMAIS QU'UNE CAUSE : L'ARMÉE. OTEZ L'ARMÉE, VOUS ÔTEZ LA GUERRE

Ainsi, à cinquante-huit ans de distance, le geste de la Russie soviétique a consisté à concrétiser, sous la forme d'une motion précise, la pensée que le grand poète avait jetée, telle une graine, aux vents de l'espace. Et quelle tristesse de constater qu'il fallut tant d'années, tant de guerres, tant de servitudes militaires pour que le verbe du prophète aboutit à un acte!

Cet acte, par lequel la Russie soviétique a marqué son entrée dans la Société des Nations, aura fatalement des répercussions heureuses. Sans doute, la motion déposée par Litvinov a été « ajourné », et le contraire nous eut surpris. Mais, dans le monde de la pensée, les idées nouvelles que l'on croit mortes, parce qu'on les a momentanément couchées dans un dossier et enfermées dans un carton vert, ne tardent pas à ressusciter.

Qu'on le veuille ou non, la question est posée; et elle est appuyée par des arguments si puissants et si nombreux que la force des événements, à défaut de la volonté des hommes, se chargera de la poser à nouveau. Il suffit de lire cette brochure pour s'apercevoir qu'en s'hypnotisant sur ce triple casse-tête : arbitrage, sécurité, limitation des armements, la Société des Nations, loin de diminuer les forces armées de l'Europe, n'a fait que les fortifier, et, ô ironie! les augmenter. N'est-il pas honteux de constater que les budgets militaires des principaux États européens qui étaient en 1912 de 4.744 millions de roubles sont actuellement de 5.300 millions de roubles? Cela, alors que les États vaincus (Allemagne, Autriche-Hongrie, Bulgarie) ont sous les armes 931.000 hommes de moins qu'en 1914.

Et le terrible, c'est que toutes ces forces et toutes ces dépenses militaires, même si l'on se place dans la mentalité guerrière, ne servent absolument à rien. Elles ruinent les peuples qui sont assez bêtes pour les subir, mais ne repré-

sentent aucune garantie pour leur tranquillité. Nul n'ignore, en effet, que la prochaine guerre serait une guerre chimique, une guerre dans laquelle les avions et les gaz règleraient, en moins de huit jours, le sort des belligérants. C'est par masses compactes que les hommes tomberaient, non pas les hommes des tranchées, voués à la mort en tant que soldats, mais les citadins, les campagnards, les femmes, les enfants, les vieillards.

En présence de telles certitudes, il apparaît nettement : que les armements, qu'ils soient limités ou illimités, n'ont plus aucune valeur; que si le désarmement matériel s'impose, le désarmement moral est non moins urgent.

Ainsi, non seulement le vœu de Litvinov n'a rien de révolutionnaire, au sens que les foules donnent à ce mot, mais il est au contraire plein de sagesse et de prudence. Eh! oui, de prudence, puisque Litvinov prévoit une période de quatre années pour désarmer. Quatre ans, grands dieux!... Faut-il donc si longtemps pour renvoyer dans leurs foyers des hommes qui ne demandent qu'à y retourner?

Le seul point sur lequel je n'épouse pas entièrement la pensée de Litvinov est celui qui a trait aux origines des guerres. Demeuré fidèle aux doctrines marxistes, ou même simplement socialistes, Litvinov situe la cause des guerres dans l'organisation capitaliste des sociétés. Que le capitalisme ait joué un rôle dans le déclenchement de quelques guerres, et notamment dans les guerres coloniales, je ne le nie pas. Qu'il cherche à profiter de toutes les guerres, c'est certain. Mais c'est simplifier à l'extrême une question infiniment complexe que de rendre le capitalisme responsable de toutes les guerres.

Mais ce n'est là qu'une chicane de détail dont je m'excuse, et je conclus. La déclaration de Litvinov à Genève, les documents qui l'appuient et la communication qu'il a faite au XVe Congrès du Parti communiste, sont pour les pacifistes des armes nouvelles et infiniment précieuses. Lire et propager cette brochure, c'est travailler pour la Paix.

ARMAND CHARPENTIER.

Pourquoi l'U. R. S. S.
s'est fait représenter à Genève

Avant de quitter Moscou pour Genève, le camarade Maxime Litvinov, commissaire du peuple adjoint aux Affaires étrangères, président de la délégation de l'U.R.S.S. à la Commission préparatoire pour le désarmement, réunit les représentants de la presse et leur fit les déclarations suivantes :

1. — La décision prise par le gouvernement des Soviets d'envoyer une délégation à la 4e session de la Commission préparatoire pour le désarmement a suscité dans les cercles étrangers des rumeurs multiples et des suppositions mal fondées sur la position que la délégation de l'Union a l'intention d'occuper à Genève.

On affirme, d'une part, que le gouvernement de l'Union envoie à Genève une délégation dans un but exclusif de propagande et d'agitation; d'autre part, on déclare que le fait d'envoyer une délégation à Genève signifie un changement dans l'attitude de l'U. R. S. S., tant à l'égard du désarmement qu'à l'égard de la Société des Nations. Je voudrais donc résumer concrètement la position de l'U. R. S. S. dans la question du désarmement et mettre fin, par cela même, à la propagation, par la presse bourgeoise, d'affirmations erronées et de nouvelles tendancieuses.

2. — Le gouvernement de l'Union soviétique n'a jamais dissimulé que l'empressement montré par les pays capitalistes pour l'abolition des guerres entre peuples et, par conséquent, pour le désarmement, le laisse incrédule.

3. — Cette incrédulité est suffisamment justifiée par toute l'histoire des relations internationales depuis la guerre

(guerre que les pacifistes et pseudo-pacifistes ont nommée « la dernière des guerres »), par l'accroissement continu et systématique des forces armées des pays capitalistes, par les budgets militaires doublés et triplés comparativement à l'année 1913, et par l'augmentation progressive des charges totales du militarisme.

4. — Cette méfiance est encore justifiée par sept années de tentatives stériles, dans le domaine du désarmement, de cette Société des Nations dont le but principal est, dit-on, la paix mondiale et le désarmement. Il suffit de se rappeler que la Société des Nations n'a mis le désarmement à son ordre du jour qu'en 1924, c'est-à-dire après cinq années d'existence, et que la convocation de la conférence fut remise à 1925. Jusqu'à ce jour, la cause du désarmement, non seulement n'a pas avancé, mais la date à laquelle sera convoquée la conférence ne peut même pas être fixée. De même la question du désarmement naval, spécialement mise en vedette, n'a reçu jusqu'à présent aucune solution. Celle de la diminution des budgets militaires, dont la Société des Nations « s'occupe » depuis 1920, a été renvoyée à une date indéterminée. Au lieu du désarmement réel et tangible qu'exigent les masses populaires de tous les pays, il ne résulte, jusqu'à présent, des travaux de la Société des Nations que des déclarations dénuées de toute signification et un amas de résolutions et de propositions destinées seulement à servir les visées de tel ou tel groupement politique international.

5. — Malgré l'opposition des pays capitalistes, tous les efforts du gouvernement soviétique durant les dix années de son existence ont tendu à favoriser, par des mesures appropriées, le désarmement général, voire même le désarmement partiel, à condition que celui-ci diminuât réellement les armements qui accablent lourdement les masses laborieuses. Il suffit de se remémorer le premier décret du gouvernement des Soviets du 8 novembre 1917, décret concernant la paix, la proposition de la délégation soviétique à la Conférence de Gênes en 1922, concernant la mise à

l'ordre du jour du désarmement général, et enfin la convocation à Moscou, par le gouvernement soviétique en 1922, d'une conférence à laquelle prirent part ses voisins de l'ouest et où j'eus l'occasion de présenter, en qualité de président de la délégation, un plan concret, fondé de la diminution proportionnelle des forces armées, lequel fut repoussé par tous les autres participants de la conférence.

6. — En 1925, ayant été invité par la Société des Nations à participer à la Conférence préparatoire pour le désarmement, le gouvernement soviétique répondit par un acquiescement de principe, et déclara, dans sa note du 16 novembre 1926, que saluant toute initiative ou tentative en matière de désarmement, son sincère désir était de participer aussi bien à la Conférence du désarmement qu'à la Commission préparatoire.

Mais la Société des Nations empêcha l'U. R. S. S. de prendre part à aucune des trois sessions de la Commission préparatoire, du fait qu'elle réunit cette dernière en Suisse, où, pour des raisons bien compréhensibles, l'Union ne pouvait se faire représenter. Actuellement, ces raisons n'existant plus grâce à la liquidation du conflit avec la Suisse, le gouvernement soviétique, conformément à la décision que j'ai dite, se fera représenter à la 4ᵉ session de la Commission préparatoire qui va se réunir, ainsi qu'à la Conférence du désarmement, si cette dernière est jamais convoquée. Ainsi l'U. R. S. S. enlève à ses ennemis tout prétexte de rejeter sur elle, si peu que ce soit, l'échec probable de la Conférence, et elle empêche ses voisins d'alléguer, pour ne pas désarmer, le fait de notre absence.

7. — Libre par essence de tendances impérialistes, ne convoitant aucun territoire, le gouvernement soviétique suit une politique systématiquement pacifique. Dans un esprit réellement pacifique, il a offert et offre encore à tous les Etats sans exception, et pas seulement à ses voisins, de conclure avec lui des pactes de non-agression. Ayant pour base une politique pacifique, l'Union des Soviets continue à insister sur l'urgence absolue d'un désarmement com-

plet et général. Si les pays capitalistes considèrent comme inacceptable la réalisation d'un seul coup et à bref délai du désarmement complet, la délégation soviétique consent à une réalisation graduelle, dont la Conférence aura à fixer les termes.

8. — La délégation soviétique arrivera à Genève avec un programme indépendant. Elle considérera comme alliés ceux des délégués qui se rallieront à ce programme, dont les propositions seront orientées dans le même sens. Une de ses tâches fondamentales sera d'attirer l'attention sur la nécessité de créer des garanties réellement solides et effectives de paix; elle luttera contre les tentatives qui pourraient être faites pour distraire la Commission de son objet par des questions secondaires et des résolutions stériles, ainsi que pour faire de la Commission ou de la Conférence l'instrument de la politique de tel ou tel gouvernement ou groupe de gouvernements.

Discours de Litvinov

*Dès la première séance (3o novembre 1927, matin), le
camarade Litvinov demanda la parole et, au nom de la
délégation, prononça le discours suivant :*

M. LITVINOV (Union des Républiques socialistes soviétiques). — Le gouvernement de l'Union des Républiques
socialistes soviétiques n'ayant pu prendre part aux trois
sessions de la Commission préparatoire de la Conférence
du désarmement qui ont déjà eu lieu, a chargé sa délégation à la 4ᵉ session de cette Commission de faire une déclaration englobant toutes les questions liées au problème du
désarmement.

Tout d'abord, le gouvernement de l'Union des Républiques socialistes soviétiques estime, comme il l'a d'ailleurs
toujours déclaré, que, dans les conditions du régime capitaliste, il n'y a pas de raison de croire qu'on puisse écarter
les causes de conflits armés.

Le militarisme et le navalisme sont des conséquences
naturelles inhérentes au système capitaliste. Par le fait
même de leur existence, elles aggravent les différends existants, elles précipitent et activent tous les conflits et les
transforment inévitablement en conflits armés.

Mais les peuples de tous les pays, affaiblis, appauvris
par la guerre impérialiste mondiale de 1914-1918, sont
tout à fait déterminés à lutter contre de nouvelles guerres
impérialistes pour garantir la paix internationale.

C'est justement cette dernière circonstance qui permet au
gouvernement soviétique d'accepter l'invitation de la
Société des Nations qui se prononce pour le désarmement.

Il l'accepte à l'effet de démontrer au monde entier sa
volonté de paix internationale et désire montrer à tous les

aspirations réelles et les vrais désirs des autres Etats en ce qui concerne le désarmement.

Bien que la guerre mondiale de 1914-1918 ait été appelée « la dernière des guerres », toute l'histoire des relations internationales d'après-guerre est caractérisée par un accroissement incessant et systématique des forces armées des Etats capitalistes et par un accroissement gigantesque du poids total du militarisme.

Le monde ne voit jusqu'à présent aucune réalisation, fût-ce partielle, des promesses solennelles de la Société des Nations qui, dans ses activités, a évité systématiquement de poser pratiquement la question du désarmement.

Tout le travail de la Commission préparatoire dans cette direction a revêtu jusqu'à ce jour un caractère purement décoratif. En fait, la Société des Nations n'a entamé la question du désarmement général qu'en 1924. La convocation de la Conférence pour le désarmement général avait été fixée au 1er mai 1925. Or, jusqu'à présent, non seulement la cause du désarmement n'a pas fait un pas en avant, mais la date de la conférence n'a pas même été fixée.

De la même façon, la Société des Nations s'est occupée depuis 1920, et sans résultats, de la question de la limitation des budgets de la défense nationale.

La répugnance à mettre en pratique une politique de désarmement est démontrée à la fois par les méthodes de travail adoptées, par la façon de faire alterner les questions du désarmement avec celles des garanties, tout en marquant simultanément un effort tendant à faire un recensement des plus détaillés de tous les facteurs qui définissent la puissance militaire des différents pays.

Le problème ainsi posé provoque d'interminables et stériles discussions sur ce qu'on appelle le « potentiel de guerre » et donne la possibilité d'éluder indéfiniment le problème fondamental et décisif des mesures concrètes de désarmement.

Il n'est pas douteux que, le problème étant posé de cette façon à la prochaine Conférence du désarmement, non seulement les armements existants ne seront pas réduits, mais, au contraire, les Etats membres de la Société des Nations pourront même recevoir l'autorisation légale de les augmenter.

Le gouvernement soviétique s'est systématiquement appliqué à poser le problème du désarmement d'une façon concrète et pratique. Or, ses efforts dans ce sens se sont toujours heurtés à une résistance déterminée des autres Etats. Le gouvernement soviétique, l'unique gouvernement qui ait prouvé par des actes sa volonté de paix et de désarmement, n'a pas été admis à la Conférence de Washington en 1921-1922 pour la limitation des armements navals.

La proposition de désarmement général faite par la délégation soviétique le 10 avril 1922 à la Conférence de Gênes, fut repoussée par cette conférence.

Malgré ces obstacles, le gouvernement soviétique a poursuivi son effort constant dans ce sens : en décembre 1922, le gouvernement soviétique convoqua à Moscou une Conférence de représentants des Etats limitrophes pour discuter avec eux les problèmes de limitation proportionnelle des armements. Le gouvernement soviétique consentait à une réduction considérable de ses armements, bien que cette mesure laissât à l'écart plusieurs grandes puissances qui, en cas de collision des Etats limitrophes avec l'U. R. S. S., seraient toujours prêts à leur venir en aide, en vertu de traités ou non.

A cette conférence, le gouvernement soviétique proposa un plan concret pour la réduction des armements, mais ce plan fut aussi repoussé. Malgré l'attitude sceptique du gouvernement de l'U. R. S. S. à l'égard des travaux de la Société des Nations, ce gouvernement a accepté l'invitation, en date du 12 décembre 1925, de participer à la future Conférence du désarmement. Ce ne fut qu'à cause du conflit entre la Suisse et les Soviets, provoqué par l'assassinat du représentant plénipotentiaire de l'U. R. S. S., M. Vorovsky, et l'acquittement de l'assassin par le tribunal suisse, que l'Union fut empêchée d'être représentée aux sessions précédentes de la Commission préparatoire. En envoyant maintenant sa délégation à la 4ᵉ session de la

Commission préparatoire du désarmement, !} gouverne-
men de l'U. R. S. S. l'a chargée de proposer un plan de
désarmement général et complet.

En second lieu, la délégation de l'U. R. S. S. est auto-
risée par son gouvernement à proposer l'abolition complète de toutes les forces armées, terrestres, navales et
aériennes.

Pour la réaliser, le gouvernement de l'Union propose les
mesures suivantes :

a) le licenciement de tous les effectifs armés de terre, de
mer et des airs et leur interdiction sous quelque forme que
ce soit;

b) la destruction de toutes les armes, munitions, de tous
les moyens de combat chimiques, de tous les autres moyens
d'armement et des engins de destruction, soit dans les unités, soit dans les magasins généraux ou militaires;

c) la démolition complète de tous navires de guerre et
aéronefs militaires;

d) la cessation de l'appel des citoyens pour instruction
militaire soit dans les armées, soit dans des organisations
civiles;

e) législation pour l'abolition du service militaire obligatoire, volontaire ou par recrutement;

f) législation interdisant l'appel des réserves instruites;

g) le démantèlement des forteresses et la destruction
des bases navales et aériennes;

h) la démolition des usines de guerre spéciales et de
l'outillage de production militaire dans les usines de l'industrie générale;

i) la suppression d'allocations de dépenses pour des buts
de guerre dans les budgets de l'Etat ou des institutions
publiques;

k) l'abolition des ministères de la Guerre, de la Marine
et de l'Aviation militaire, la suppression des états-majors,
des directions, établissements et institutions militaires de
toutes sortes;

l) l'interdiction par voie législative de toute espèce de propagande et d'instruction militaire parmi les populations, ainsi que de toute éducation militaire de la jeunesse par les organisations de l'Etat et les sociétés publiques;

m) l'interdiction législative des brevets d'invention pour toutes sortes d'armements et de moyens de destruction, ceci afin d'empêcher que ce genre d'inventions soit stimulé;

n) la promulgation de lois selon lesquelles la violation des clauses sus-mentionnées serait considérée comme un crime grave contre l'Etat;

o) la suppression ou la modification appropriée de tous les actes gouvernementaux ou inter-gouvernementaux qui contrediraient les propositions précitées.

La délégation de l'U. R. S. S. a pleins pouvoirs pour proposer la réalisation du programme de désarmement complet sus-mentionné, immédiatement après l'entrée en vigueur d'une convention appropriée, de sorte que toutes mesures indispensables à la destruction du matériel de guerre soient accomplies dans le délai d'un an. Le gouvernement soviétique estime que le plan sus-indiqué de réalisation complète d'un désarmement absolu est le plan le plus simple et le plus propre à servir la cause de la paix. Dans le cas où les Etats capitalistes refuseraient l'abolition immédiate des armées permanentes, le gouvernement soviétique, désireux de faciliter la conclusion d'une entente pratique au sujet du désarmement total, estime qu'il serait possible de proposer ce qui suit :

Le désarmement complet s'effectue simultanément chez tous les Etats contractants, par étapes successives, dans un délai de quatre ans. La première étape doit être franchie dans le courant de l'année prochaine. Les fonds libérés par la suppression des budgets militaires peuvent être employés par chaque Etat selon ses convenances, mais uniquement dans un but de développement industriel ou culturel.

Tout en insistant sur les vues exprimées ci-dessus, la délégation de l'U. R. S. S. est cependant disposée à prendre part à toutes les discussions sans exception, pour autant qu'il s'agira de mesures pratiques conduisant réellement au désarmement.

La délégation déclare que le gouvernement de l'Union s'associe pleinement à la convention relative à l'interdiction de l'emploi des moyens chimiques et bactériologiques pour des fins militaires, qu'il est prêt à signer la convention immédiatement et insiste pour qu'un délai très rapproché soit fixé pour sa ratification par tous les Etats. Il considère qu'avant tout, pour en garantir l'efficacité, il serait nécessaire de poser la question d'un contrôle d'ouvriers, exercé sur l'industrie chimique susceptible d'être rapidement transformée pour des fins de guerre dans les Etats possédant une industrie chimique très développée.

Nous vous avons exposé notre programme de désarmement, mais nous nous rendons compte que son radicalisme, son envergure peuvent le faire paraître au premier abord compliqué, de réalisation difficile, même utopique. Cela provient de ce que le problème du désarmement complet a toujours été traité comme un sujet défendu et n'a jamais été étudié à fond. Nous comprenons parfaitement que la réalisation de ce programme ne soit pas compatible avec certains intérêts politiques, principalement ceux des grands pays. Avant tout, il ne correspond pas aux intérêts des industries de guerre ou à ceux de nombreux groupes de spéculateurs, mais le problème du désarmement complet, pris en lui-même, est susceptible d'une solution rapide et facile.

Il est en tout cas bien plus simple, il exige pour être étudié en détail bien moins de temps que des schémas qui firent, jusqu'à présent, le fond des travaux de la Commission préparatoire. Je confesse qu'après avoir étudié les travaux de la Commission, je fus effrayé de leur complexité, de leur confusion et de la multiplicité des questions qui se juxtaposent à celle du désarmement. Mais, vraiment, la Commission a consacré déjà plusieurs sessions à discuter la table des matières et les titres des articles qui formuleraient la convention internationale de limitation des armements. L'unanimité n'est acquise que sur les questions les plus insignifiantes, de simples lieux communs.

Le plus grand nombre des questions ou plutôt des titres a suscité des divergences de point de vue qui n'ont pu être conciliées ni par la Commission elle-même, ni par des négociations privées entre les gouvernements intéressés. Mais quand ces divergences seront dissipées (si cela arrive jamais), c'est alors que la Commission arrivera au début des vraies difficultés. La Commission devra obtenir l'unanimité pour fixer le degré de sécurité de chaque pays, pour fixer l'ampleur et l'importance de ses obligations internationales, ses particularités géographiques et autres, pour être à même de lui assigner un maximum de troupes, d'armement technique, de vaisseaux, d'avions, etc...

Cette énumération suffit pour mettre en pleine lumière combien il est absolument impossible, même utopique, d'espérer une solution de la question dans un délai prévisible.

La vie internationale actuelle, les divers traités internationaux récemment conclus, ne conduisent pas à l'unité, mais à un morcellement des pays européens et non-européens en groupements politiques et au renforcement de l'antagonisme entre eux. Cela n'offre vraiment aucune raison d'envisager avec optimisme une possibilité de résoudre les questions qui se posent devant la Commission préparatoire.

Ce n'est pas tout. On fait encore des efforts pour réprimer, pour arrêter les travaux de la Commission préparatoire, dans l'attente du dénouement d'un ensemble d'événements politiques non moins embrouillés et complexes dont je viens de parler.

Une chose est certaine, si la base actuelle des travaux de la Commission préparatoire n'est pas modifiée, et si, malgré cela, la Commission n'explose pas sous l'effet de ces divergences intérieures, elle sera condamnée à des années, à des dizaines d'années d'un travail qui sera complètement stérile, ou qui ne produira que des résultats insignifiants.

Cependant, nous vivons à une époque où le danger de guerre n'est pas un simple danger théorique, mais une menace absolument réelle. Nous ne sommes pas seuls à le dire.

Ces mêmes appréhensions sont partagées par bien des hommes d'Etat autorisés des pays capitalistes. Le souffle de la guerre imminente est partout. Si la guerre doit être évitée, il faut agir sans plus tarder. Nous estimons que le désarmement complet et immédiat est la meilleure garantie de sécurité pour tous les peuples.

Ce problème doit être posé immédiatement et résolu au plus vite.

Les Etats qui ajournent la solution du problème prennent sur eux une responsabilité énorme. C'est pourquoi je me permets de présenter, au nom de la délégation soviétique, la résolution suivante :

Considérant que l'existence des armements et leur tendance manifeste à s'accroître, conduisent inévitablement à des conflits armés entre nations, qui détournent les ouvriers et les paysans de leur activité pacifique et productive et entraînent d'innombrables calamités;

Que la force armée est un moyen dont disposent les grandes puissances pour opprimer les peuples des petits pays et des pays coloniaux, et

Que l'abolition complète des armements constitue aujourd'hui l'unique moyen réel pour assurer la sécurité et pour fournir une garantie contre la guerre;

La IVe session de la Commission préparatoire de la Conférence du désarmement décide :

1° De procéder immédiatement à l'élaboration d'un projet détaillé de convention, en vue d'un désarmement complet et général, en prenant pour base les principes proposés par la délégation de l'U. R. S. S.;

2° De proposer la convocation, pour le mois de mars 1928 au plus tard, d'une Conférence du désarmement, en vue de discuter et de confirmer les propositions prévues à l'article 1er.

Nous savons que certains groupes tenteront de traiter notre programme et notre résolution d'actes de propagande.

Cette fois-ci, nous sommes prêts à relever le défi et nous proclamons que la propagande de la paix, nous la faisons et nous la ferons.

Si la Commission préparatoire pour le désarmement n'est pas un lieu convenable à la propagande de la paix, il faut croire que nous nous y trouvons par malentendu. Le gouvernement soviétique poursuit vigoureusement une politique de paix. Il l'a prouvé et il le prouve non seulement par des paroles, mais aussi par des actes.

Il y a quelques jours, lorsque les nuages de la guerre semblaient assombrir l'horizon à l'est de l'Europe, d'une façon plus évidente que jamais, il a fait tout ce qui était en son pouvoir pour éviter une calamité. Il a mis en œuvre tous les arguments possibles susceptibles d'agir sur le gouvernement lithuanien, en vue de le persuader de déclarer immédiatement la cessation de l'état de guerre entre la Lithuanie et la Pologne. Le gouvernement soviétique a contribué également à persuader aux deux autres voisins de la Lithuanie d'offrir le même conseil et il fit une démarche à Varsovie, tendant au maintien de la paix. Cette politique de paix de mon gouvernement nous donne un droit spécial à déclarer que nous ne laisserons passer aucune occasion de faire une propagande intensive en vue de la paix et du désarmement.

Annexe au discours de Litvinov

Le document suivant, complétant les déclarations de Litvinov fut distribué le 3o novembre au matin aux membres de la Commission.

Comme complément à sa déclaration et pour éclaircir son point de vue général sur la situation internationale actuelle en fonction des possibilités de guerre, la délégation de l'U. R. S. S. propose les faits et les vues suivants à l'attention de la IVe session de la Commission préparatoire de la Conférence internationale pour le désarmement.

Il serait inutile d'entrer dans des délibérations quelconques au sujet des responsabilités incombant à tel ou tel gouvernement qui prit part à la guerre impérialiste de 1914.

En cette matière, des discussions plus ou moins stériles durent jusqu'à présent.

Pour le gouvernement soviétique, qui se trouve à l'écart des ex-belligérants de cette guerre, les raisons générales de l'origine de la calamité immense que l'humanité est encore loin d'avoir surmontée, sont parfaitement claires.

Tandis que la guerre mondiale est née, avec une fatalité inéluctable, de la concurrence des grands États capitalistes, pressés par le besoin d'élargir les zones coloniales et les marchés pour leur production considérablement accrue, l'État capitaliste s'efforce de trouver comme cause de la guerre, non pas les fondements réels d'où elle surgit, mais tel ou tel prétexte.

Sous la pression de l'opinion publique, à qui la guerre et les destructions qu'elle apporte inspirent en général de l'horreur, les milieux impérialistes (y compris les gouvernements) se décident rarement à présenter franchement les vrais buts de la guerre. Ceux-ci sont du domaine de la concurrence économique et par conséquent, c'est la concurrence économique qui est la cause véritable de la guerre.

Les gouvernements ne présentent pas la question sous cet aspect brutal pour ne pas trop choquer l'opinion publique et pour favoriser l'ivresse nationaliste indispensable, comme prémisse d'une participation « sincère » à la guerre, de tous les citoyens de l'Etat belligérant.

Si nous nous rapportons au caractère du pacifisme pendant la guerre, nous pouvons dire qu'il a joué le rôle le plus lamentable et le plus malfaisant pour l'humanité. Le pacifisme libéral s'est laissé prendre aux théories les plus superficielles et déclamatoires qui masquaient la physionomie véritable de la guerre.

Le pacifisme libéral a consciencieusement répété les paroles malignes : « Cette guerre est la dernière; c'est la guerre à la guerre. Elle se terminera par l'extermination des fauteurs de guerre. Elle conduira à l'abolition des armements. Elle créera la paix parmi les peuples. »

L'emballement avec lequel les pacifistes répandaient ces affirmations a contribué à engourdir la conscience de centaines de milliers de gens.

S'agit-il simplement d'une crédulité dépassant toute vraisemblance, ou d'un consentement tacite? Peut-être même s'agit-il d'un concours parfaitement conscient apporté aux auteurs réels et aux chefs de la guerre monstrueuse qui s'est abattue sur l'humanité en cataclysme destructeur?

Mais, quelle que soit la façon dont on juge les coupables de la guerre, il y a une chose que tous doivent reconnaître : les faits et les chiffres; surtout les faits si douloureusement éprouvés par les masses elles-mêmes; surtout les chiffres qui représentent un total de larmes et de sang; ces faits et ces chiffres-là sont particulièrement têtus.

La délégation de l'U. R. S. S. estime très opportun de rappeler les données objectivement établies, relatives aux calamités et aux destructions causées par la dernière guerre impérialiste; ces données devraient toujours être sous les yeux de nos contemporains. Les voici :

Pertes en hommes.

	Population (en millions)	Tués	Blessés (en milliers)	Prisonniers
Allemagne	65	1.887	4.248	778
Autriche-Hongrie	51	1.200	3.200	448
Turquie	23	437	408	104
Bulgarie	5	101	1.159	11
France	40	1.359	4.200	454
Colonies françaises	55	67	»	»
Grande-Bretagne	45	744	1.693	»
Dominions et Colonies	376	202	420	65
Italie	36	507	950	1.359
Belgique	7,5	267	140	10
Roumanie	7,2	339	»	116
Serbie	3	707	550	100
Grèce	4,6	15	40	48
Etats-Unis	91	107	246	5
Russie	166	2.753	4.950	2.500

En France, le nombre total des invalides à 10 % au moins est de 1.900.000.

Si l'on considère qu'un million et demi d'hommes sont restés invalides pour toute la vie, on verra que l'agriculture française, sur 2.636.000 hommes âgés de 20 à 40 ans, en a perdu 710.000 devenus invalides; l'industrie, sur 2.226.000, en a perdu 387.000; le commerce et les transports, sur 1.220.000, en ont perdu 200.000.

Aux pertes se rapportant directement à la guerre, doivent être ajoutées encore les pertes relatives à la diminution de la natalité et à l'augmentation de la mortalité de la population civile.

Voici les données fondamentales pour les grandes villes :

Londres	24,6	14,3	16	19,2
Paris	17,2	15,7	10,5	17,3
Berlin	19,4	13,5	9,3	20,7
Moscou	33,2	23,1	14,8	24,3

Les pertes en hommes résultant de la diminution de la natalité sont pour la Grande-Bretagne de 500.000 hommes, pour la France de 833.000, pour l'Allemagne et l'Autriche-Hongrie de 2.600.000 hommes.

Le tableau suivant donne des chiffres concernant les pertes matérielles :

PAYS	Richesse nationale en milliards de dollars	Revenu national en milliards de dollars	Frais de guerre
Etats-Unis	200	33	23,159
Angleterre	70,5	11	33,481
France	58,5	6	31,324
Russie	60	6,5	25,522
Italie	22,8	4,5	15,636
Belgique	15	1,3	1,387
Japon	11,7	1,7	40,000
Allemagne	80,5	10,5	46,323
Autriche-Hongrie .	40	3,6	24,858
Turquie	4	0,5	1,802
Bulgarie	4	0,5	0,732
Dominions anglais.	»	»	4,198

A ces dépenses se rapportant directement à la guerre, s'ajoutent encore les dégâts matériels indirects.

Les dommages causés aux propriétaires privés d'Europe égalent 29.960 millions de dollars; les pertes en tonnage 15.398.000 tonnes, c'est-à-dire le tiers du tonnage d'avant-guerre. En argent, cela représente une somme de 6.800 millions de dollars.

Les pertes dûes à la diminution de la production sont de 45 milliards de dollars. Les dépenses en secours et subventions sont de 1 milliard.

Les dommages économiques des puissances neutres sont de 1.750 millions de dollars. A cela, il faut ajouter les suites de la destruction d'une énorme force de travail, qui se traduit par le chiffre de 67 milliards de dollars, représentant les pertes futures de la production.

La dette totale des Etats européens a passé de 191.835 millions de marks-or en 1914 à 1.078.800 millions de marks-or en 1919.

Quelqu'un peut-il, à l'heure actuelle, répéter cette phrase : « Malgré tout le fardeau des pertes subies du fait de la guerre, on peut du moins se consoler par la certitude que les dangers de guerre future sont écartés, que la guerre impérialiste était la dernière dans l'histoire de l'humanité, que nous sommes entrés dans une époque pacifique? »

Il n'y a aucune nécessité de se rapporter au témoignage absolument négatif de la situation actuelle, tel que nous le donnent certains informateurs, sociologues clairvoyants, économistes et publicistes; ni à l'état inquiet de la presse, ni à celui de l'opinion publique; il suffit d'un seul fait : l'accroissement vertigineux des armements.

Devant ce fait qui prouve pour le moins l'extrême inquiétude de chaque gouvernement, quant aux destinées futures de son pays (si ce n'est l'intention de certains d'entre eux de susciter activement une guerre pour un nouveau partage plus commode pour eux du globe terrestre); la forme de travail que la Société des Nations a appliquée jusqu'à présent au désarmement, rappelle vivement le pacifisme du temps de guerre avec ses efforts pour détourner les consciences de la réalité inexorable et terrible par des promesses fallacieuses et des espoirs chimériques.

Rappelons quelques faits caractérisant la croissance actuelle des armements :

En 1913, au moment de l'épanouissement suprême du militarisme d'avant-guerre. les principaux pays tenaient sous les armes 5.759.000 hommes. En 1925, 5.232.000 hommes sont sous les armes, sans compter les forces armées d'États nouveaux, par exemple de l'Irak, de la Syrie, de l'Arabie proprement dite, du Maroc du nord, etc., et sans compter au minimum 1 million de soldats qui se trouvent sous les armes aux ordres des différents *doudzioun* des provinces chinoises, qui ne reconnaissent pas le gouvernement de Pékin.

Si nous tenons compte que dans le chiffre de 5.759.000 hommes sont compris d'abord 1.129.00 soldats qui appartenaient aux États vaincus de la guerre impérialiste (Allemagne, Autriche-Hongrie, Bulgarie), lesquels ont maintenant sous les armes 198.000 hommes, c'est-à-dire 931.000 de moins qu'avant, et si l'on tient compte ensuite qu'à la place des 1.35o.ooo soldats de la vieille Russie tsa-riste, nous avons 562.ooo hommes de l'Union soviétique, nous verrons que les pays victorieux et les neutres, après avoir écrasé l'impérialisme allemand, en sont arrivés, sous la pression de nouvelles contradictions toujours croissantes, à augmenter leurs armées de 1.183.ooo hommes.

Si nous examinons le tableau des budgets militaires des principaux Etats, pour la même période, nous verrons la même chose.

Les budgets militaires des principaux pays, en 1912, étaient de 4.744 millions de roubles, y compris la Russie. Les dépenses de ces mêmes Etats, en 1924-1925, donnent le chiffre de 5.3oo millions de roubles, c'est-à-dire une aug-mentation de 556 millions.

Si nous tenons également compte de la diminution des budgets militaires de l'Allemagne et de l'Union soviétique, nous verrons que les dépenses des autres Etats se sont accrues de 1.442 millions. Il suffit de ces deux renseigne-ments pour rendre criantes les dissonnances de chaque discours des pacifistes bourgeois sur la diminution des charges du militarisme dans les pays bourgeois après la débâcle de l'Allemagne.

Prenons à part les dépenses de la marine de guerre :

En 1913, le budget naval des cinq principales puissances maritimes était de 1oo.5oo.ooo livres sterling.

En 1925, il est égal à 23o.6oo.ooo livres sterling. La dif-férence est assez imposante. Cependant, le budget militaire naval de l'U. R. S. S. a diminué de 26 millions de livres sterling, chiffre du budget naval militaire de la Russie tsa-riste en 1913, à 3.4oo.ooo livres sterling.

Les programmes de construction navale des principaux pays bourgeois sont en plein accord avec ces chiffres. Mal-gré la convention pour la limitation des armements navals de 1922, à Washington, c'est maintenant une fièvre de construction identique, si ce n'est pire, avec la seule diffé-rence qu'à la place des grands bâtiments interdits, on en construit fébrilement de tonnage plus faible (croiseurs, torpilleurs, sous-marin, etc., ainsi qu'une flotte hydro-aérienne).

Le renseignement suivant peut donner une idée de l'ampleur des armements : Cette année-ci, les cinq puissances navales les plus importantes (Angleterre, Etats-Unis, France, Japon, Italie) construisent 87 bâtiments différents; il est décidé d'en construire encore 181, soit 268 bâtiments en tout.

Quant à nous, nous ne construisons et nous n'avons construit jusqu'à présent aucun nouveau bâtiment de guerre, nous bornant à réparer ceux qui existent.

Les chiffres sur la flotte aérienne témoignent dans le même sens. A l'heure actuelle, on peut établir les données suivantes sur les forces militaires aériennes des principaux Etats : France, 6.114 avions; Angleterre, 3.460 avions; Italie, 1.700 avions; Etats-Unis, 3.800 avions; Pologne, 498 avions; Roumanie, 257 avions.

Il n'est pas superflu d'apporter quelques précisions sur le relèvement qualitatif des moyens élaborés à l'heure actuelle par les puissances militaires pour une nouvelle tuerie, qui prom... de laisser loin derrière elle les horreurs de la dernière guerre. Et voici quelques données bien caractéristiques :

Ainsi, le nombre des mitrailleuses d'une division d'infanterie en temps de guerre était, en France, au début de la guerre, de 24; actuellement, de 683. Aux Etats-Unis, au début de la guerre, de 24; actuellement, de 947. L'artillerie des Etats-Unis, de même que celle de la France, s'est accrue dans les mêmes proportions, en même temps que s'accroît parallèlement la longueur de la portée.

Il suffit de l'exemple du canon américain de 8 pouces, dont la portée a passé de 11,5 km. à 17 km.; ou surtout des succès de l'artillerie française, dont le canon de 240 mm. d'avant-guerre avait une portée de 16,5 km., alors qu'actuellement il porte à 53 km.

Ou bien le canon de 340 mm., lequel portait avant la guerre à 22 km. et maintenant à 150 km.

L'antipathie clairement exprimée, qui se manifeste vigoureusement dans l'opinion publique pour les différentes formes de guerre chimique et bactériologique, oblige certains gouvernements à parler de la nécessité de renoncer à ces formes de la guerre ou à les limiter. De fait, le travail acharné des laboratoires chimiques, auxquels les principaux pays consacrent des sommes énormes, a sans contredit donné depuis la guerre des « résultats positifs ».

Comme illustration, nous pouvons citer la déclaration du général Frey qui dit : « Une bombe aéro-chimique pesant 450 kilos, chargée de luisite, peut rendre inhabitable dix quartiers de New-York; 100 tonnes de luisite lancées de 50 avions peuvent rendre inhabitables tout New-York pour une semaine au moins. »

Faisant fi de l'hypocrisie des militaristes européens, le Américains défendent, avec suffisamment de franchise, l'utilisation des moyens chimiques dans la prochaine guerre. C'est ainsi qu'au mois de mars 1927, un publiciste américain a exprimé la pensée suivante : « *Le Sénat a su ménager notre droit d'user des poisons pour faire la guerre. J'espère que le Sénat persévérera dans cette voie et qu'il défendra tout nouveau moyen de lutte. J'espère également que le Sénat saura sauvegarder le droit d'appliquer à la guerre les bactéries pernicieuses. A la guerre comme à la guerre! Car la guerre n'est pas un jeu ennuyeux selon les règles... *»

Le journal américain *Infantery Journal* écrit :

« *Il n'est pas douteux que les moyens chimiques de combat seront beaucoup plus employés dans la future guerre que dans la dernière. Les avantages de cette arme sont si grands, si énormes, que chaque chef qui ne saura pas les appliquer dans les futures batailles, devra en supporter les responsabilités...*

« *La préparation et le perfectionnement de la guerre chimique, dans l'offensive et la défensive, se poursuit partout fiévreusement. Refuser l'emploi des gaz à la guerre occasionnerait un dommage sensible à notre puissance combative, ce qui serait d'une sottise incroyable.*

« *La guerre chimique ouvre aux peuples les plus déve-*

loppés *la possibilité d'utiliser une arme excellente, la possibilité de devenir une puissance mondiale dominante.* »
(Le Gaulois, avril 1927.)

Nous pourrions apporter de nombreux exemples de l'accroissement en puissance des engins destructeurs dans l'aviation et la flotte de guerre. Cependant, arrêtons-nous aux exemples cités, d'autant plus que personne n'oserait nier l'augmentation quantitative et qualitative des armements.

Nous répétons qu'il suffit du fait de l'énorme accroissement des armements, pour montrer que le monde court l'immense danger d'une récidive de guerre impérialiste.

Considérons maintenant les points névralgiques de la politique internationale d'où peuvent jaillir des conflits armés. Bornons-nous à l'Europe. Nous en trouvons une quantité inouïe; chacun d'eux est d'une sensibilité aiguë et presque tous ont pour foyer les bases extrèmement irrationnelles de la paix de Versailles.

Et encore les moindres questions sont-elles constamment dominées par la méfiance mutuelle des vainqueurs et des vaincus de la guerre impérialiste.

Selon l'aveu même d'un homme d'Etat, comme lord Robert Cecil, les résultats de la dernière Conférence pour le désarmement des grandes puissances navales sont redoutables.

Cela prouve qu'on ne sait pas et qu'on ne veut pas résoudre les problèmes les plus graves par des pourparlers; cela prouve également que des pourparlers de ce genre contribuent souvent à aiguiser les rapports entre les pays qui y ont pris part. Dans de telles conditions, les appréhensions d'une guerre gigantesque sont parfaitement fondées. Il n'y a aucun doute que la prochaine guerre pourra dépasser de beaucoup, par les malheurs qu'elle provoquera, tout ce que l'humanité martyre a connu dans son histoire.

La conclusion de ces faits se trouve exprimée dans la déclaration que la délégation de l'U. R. S. S. propose à la discussion de la IV° session de la Conférence préparatoire de la Conférence internationale pour le désarmement.

Deux déclarations

*A deux reprises, le 3o novembre (après-midi) et le 3 dé-
cembre, le camarade Litvinov, au nom de la délégation
soviétique, intervint à nouveau dans la Commission; ce fut
d'abord pour déclarer que l'U. R. S. S. ne participerait pas
aux travaux du Comité de sécurité; ce fut ensuite pour
demander la réunion à une date très prochaine de la Ve session de la Commission. Voici le texte de ces deux interven-
tions.*

I

M. LITVINOV (U. R. S. S.). — La délégation de l'U. R. S. S.
estime que la création du Comité de sécurité, à qui sont
confiées des questions aussi compliquées que l'arbitrage,
le pacte de garantie, le protocole de Genève, etc..., détour-
nera inévitablement l'attention de la question fondamentale
du désarmement. La délégation soviétique est convaincue
que le désarmement complet, réalisé immédiatement ou
par étapes, est la garantie de sécurité la plus durable, la
plus réelle et la plus universellement acceptable. La délégation soviétique ne peut pas partager la responsabilité
d'une procédure qui peut amener l'échec ou l'ajournement
indéfini de la question du désarmement, d'autant plus que
le Comité de sécurité devra baser son travail sur les discussions et les résolutions de l'Assemblée de la Société des
Nations et du Conseil, auxquelles le gouvernement de
l'U. R. S. S. n'a pas pris part et qui sont la conséquence
d'un ordre d'idées que celui-ci ne partage pas. C'est pourquoi la délégation soviétique n'est pas en mesure de siéger
comme membre du Comité de sécurité.

Toutefois, en raison de l'interdépendance établie, contre
le désir de la délégation soviétique, entre le Comité de
sécurité et la Commission préparatoire de la Conférence du
désarmement, la délégation soviétique est disposée à obser-
ver et à suivre avec la plus grande attention les travaux du
Comité de sécurité, de la façon et dans les limites qui seront

autorisées par la Commission préparatoire et qui seraient acceptables pour nous.

II

M. Litvinov (U. R. S. S.). — Je rappelle à M. le Président qu'à la première séance de la Commission préparatoire, vous avez déclaré que la Commission préparatoire et le Comité de sécurité travailleraient parallèlement et qu'il n'y aurait aucune interdépendance de leurs travaux. Je remarque cependant que, dans les discours de beaucoup de mes collègues, on a déclaré, au contraire, que la date de la prochaine session de la Commission préparatoire devrait dépendre du résultat du travail du Comité de sécurité et c'est ce qu'a dit M. Bénès, si j'ai bien compris ses observations. Dans la déclaration que j'ai faite ici, au commencement de nos travaux, j'a exposé l'attitude de la délégation soviétique en ce qui concerne le Comité de sécurité. Je ne veux pas me répéter, mais je crois qu'il est clair que nous ne considérons pas les travaux et les résultats de ce Comité comme indispensables pour les décisions à prendre sur les questions posées à la Commission préparatoire du désarmement.

J'ai suivi avec grand intérêt ce qui s'est passé au Comité de sécurité et je dois dire que les opinions qui ont été exprimées à la première séance de la Commission préparatoire, loin d'avoir été ébranlées, ont été confirmées par ce que j'ai entendu. En fait, une portion considérable du programme dressé par le Comité de sécurité consiste dans l'interprétation et l'extension du pacte de la Société.

Vous savez, Messieurs, que des Etats qui ne sont pas membres de la Société des Nations et qui ne sont pas signataires du pacte participent aussi. En raison de la nature même des questions très compliquées confiées au Comité de sécurité et en raison du fait que la constitution des deux Commissions est tout à fait différente, une interdépendance entre leurs travaux rendrait un accord très difficile. Je crois qu'il est nécessaire d'éclaicir ce point : dans quelle mesure, en prenant part au travail de la Commission préparatoire, doit-on souscrire aussi aux décisions prises par le Comité de sécurité? Je désire exposer brièvement l'opinion de la délégation des Soviets sur ce point en proposant la résolution ci-après :

La Commission préparatoire, prenant en considération, d'une part, la complexité des problèmes posés devant le Comité de sécurité nouvellement organisé, ainsi que l'inévitable lenteur de ses travaux,

Considérant d'autre part que la solution du problème du désarmement donne par elle-même les garanties de sécurité les plus efficaces, et n'exige par conséquent comme prémisse ni la discussion, ni la solution des problèmes posés devant le Comité de sécurité,

Décide que l'élaboration immédiate des questions du désarmement et la date pour convoquer la Commission préparatoire du désarmement ne peuvent en aucun cas dépendre des travaux du Comité de sécurité ou de leurs résultats;

Que cette date doit être fixée de façon précise par la 4e session de la Commission préparatoire.

Je voudrais dire qu'à notre avis il faut tenir compte d'un fait nouveau pour fixer la date de la prochaine session. Ce fait est la proposition présentée par la délégation soviétique d'un nouveau programme de désarmement. Tant que la Commission préparatoire n'avait devant elle qu'un programme : à savoir la prétendue convention qui a déjà été examinée en première lecture, il était nécessaire d'attendre les résultats des diverses négociations entre les gouvernements sur les points de divergence, mais, actuellement, la Commission peut se réunir à n'importe quelle date sans attendre les résultats de ces négociations. Elle pourra s'occuper du nouveau programme présenté par nous qui nécessitera des discussions complètes et, peut-être, elle pourra entreprendre la rédaction d'une nouvelle convention. Cette situation nous permet de fixer une date beaucoup plus rapprochée que celle qui était d'abord envisagée et, en ce qui nous concerne, nous proposons que la prochaine session de la Commission préparatoire ne soit pas retardée de plus d'un mois et soit fixée vers le 10 janvier.

Le Compte-rendu de la délégation

Dès son retour à Moscou, la délégation, par l'organe de son chef, le camarade Litvinov, rendit compte de son mandat au XVe Congrès du Parti communiste de l'U. R. S. S. (14 Décembre 1927)

Camarades, je suis heureux de pouvoir faire, grâce à un heureux concours de circonstances, devant le Congrès, organe suprême du Parti, mon premier rapport d'information sur l'œuvre de la délégation soviétiste à la Commission préparatoire pour le désarmement.

Dans sa correspondance avec la Société des Nations, à la suite de l'invitation à la Conférence pour le désarmement, le gouvernement soviétiste a suffisamment marqué le manque de confiance que suscitent en lui les entreprises de la Société des Nations dans ce domaine. Il a également indiqué les raisons pour lesquelles, malgré ce manque de confiance, il consentait à prendre part à la Conférence et à la Commission préparatoire pour le désarmement. Ces causes nous sont suffisamment connues, et je ne vais pas m'y arrêter. Je dois cependant vous aviser que ce que nous avons vu et entendu à Genève n'a, en aucune mesure, ébranlé notre méfiance.

Dans notre déclaration à la Commission préparatoire, par une énumération de faits, nous avons illustré la manière dont procède la Société des Nations pour résoudre le problème du désarmement, ainsi que la hâte qu'elle y met. La participation du gouvernement soviétiste n'a commencé qu'à la IVe session de la soi-disant Commission préparatoire. Cela veut dire qu'avant notre participation, les représentants des autres puissances s'étaient réunis trois fois à Genève pour les travaux préparatoires, avaient élu des sous-Commissions, examiné des projets, etc.

Ces travaux nous ont donné comme résultat un document qui porte le nom de projet de convention internationale pour le désarmement. C'est un document extrêmement curieux. La description la plus éloquente ne vous donnera pas une idée aussi vive des méthodes de travail de la Société des Nations, que l'étude de ce document. Il est composé de plusieurs parties, comprenant une cinquantaine d'articles, paragraphes, clauses, remarques, etc., mais le premier article d'introduction se présente déjà sous la forme de trois variantes parallèles : en français, en anglais et en allemand. Vient ensuite une longue série d'articles énumérant les espèces d'armements et les formations militaires passibles de réduction. Mais c'est en vain que vous chercheriez dans ce document, ne fût-ce qu'un seul chiffre, ne fût-ce qu'un seul coefficient numérique de la réduction des armements. Ce document ne contient aucun chiffre. Ce n'est qu'une énumération d'articles donnant les titres des munitions de guerre, des armes de combat que l'on pourra réduire; — mais comment les réduire, dans quelle proportion, selon quel critérium, cela la Commission n'a pas encore trouvé le loisir d'en parler et d'en délibérer, — car la seule énumération de ces articles a déjà provoqué une multitude de désaccords et de controverses entre les puissances capitalistes et il n'y a presque pas un seul article essentiel sur lequel il n'y ait pas plusieurs propositions, plusieurs projets, tantôt français, tantôt anglais, tantôt japonais, tantôt allemand, etc...

Comme on n'a pas réussi à écarter, dans la Commission même, les divergences ébauchées, on a cru que des pourparlers diplomatiques privés entre Etats intéressés viendraient à l'aide de la Commission et que c'est seulement au cas où ces pourparlers auraient une issue satisfaisante que la Commission devrait aborder la discussion des quantités numériques qui devront remplacer les X et les Y, dont est semé le projet, c'est-à-dire substituer à la formule algébrique actuelle un projet concret. Ces grandeurs numériques devaient désigner le maximum de chaque espèce d'arme, d'effectif en hommes et en commandement, de navires et d'avions, et tout cela, remarquez-le, pour chaque pays séparément.

Il n'existe point de critérium général de réduction ou de désarmement, mais on se propose de délibérer sur le niveau d'armements qui doit être établi séparément pour chaque État. Mais ce niveau d'armements, suivant l'idée des auteurs du projet de convention, doit être établi suivant le degré de sécurité de chaque pays, suivant ses obligations internationales, sa situation géographique et, comme dit le projet, en fonction de « ses autres particularités ». Par conséquent, ces conditions, le degré de sécurité, la situation géographique, etc., doivent, à leur tour, être l'objet de délibérations. Car, à leur égard aussi, l'accord et l'unanimité entre puissances doivent être atteints. L'Angleterre avec l'Amérique, l'Angleterre avec la France, l'Amérique avec le Japon, la France avec l'Italie, l'Italie avec la Yougoslavie, la Pologne avec la Lithuanie, la Roumanie avec la Hongrie, devront se mettre d'accord pour savoir à quel point chacun de ces États peut se considérer comme en sûreté et, cela fait, se mettre d'accord de nouveau sur les effectifs qu'ils doivent s'accorder mutuellement, sans qu'il existe pour cela aucun critérium général. Mais ne croyez pas, qu'au cas où l'on parviendrait à l'unanimité sur les questions que je viens d'énumérer, la convention élaborée revêtira un caractère absolu et catégorique et présentera la moindre garantie contre les horreurs de la guerre dont nous avons été témoins, il y a dix ans. Rien de pareil.

A la fin du projet, il y a un article que je vais vous lire textuellement. Il dit : « *Les stipulations de la présente convention ne doivent pas empêcher l'accroissement de l'armement terrestre, maritime et aérien, au-delà des limites des chiffres fixés d'un grand pays contractant, premièrement en cas de guerre...* (En cas de guerre, la convention ne joue pas et chaque État sera libre d'accroître ses armements au maximum.) (*Mouvements divers.*) ...*Deuxièmement, au cas où ce pays serait menacé d'insurrection* (cela non plus n'a pas été oublié), *et troisièmement si cet accroissement a lieu avec le consentement du Conseil de la Société des Nations.* »

Nous nous heurtons ici à la question des soi-disant « potentiels », c'est-à-dire au droit qu'à chaque pays d'élever en cas de guerre ses armements à son gré. De la sorte, les pays industriellement développés, capables de mobiliser rapidement l'industrie de guerre, acquièrent immédiatement une supériorité inouïe sur les pays moins développés industriellement, sur les petites nations, en général.

Mais ensuite vient un autre article, non moins curieux, qui dit : « *Si un des pays contractants considère qu'un changement de circonstances a une influence sur les exigences de la sécurité nationale, il pourra être autorisé à élargir les limites d'armement établies par la présente convention, en cas de décision unanime des grands pays contractants suivants.* » Vient ensuite une lacune qui sera comblée par le nom des arbitres chargés de décider qui pourra être autorisé à augmenter les armements en dépit de la convention elle-même. C'est cela, camarades, qu'on appelle *une manière sobre et réaliste d'aborder l'affaire,* opposée aux propositions *utopiques* et *idéalistes* faites par la délégation soviétique!

Il semble que le programme et les méthodes de travail adoptés par la Commission préparatoire garantissent à celle-ci une quantité infinie de sessions et séances durant une multitude d'années et que les adversaires du désarmement n'ont pas trop à s'inquiéter des perspectives de travail qu'a la Société des Nations, ainsi que sa Commission préparatoire. Mais en réalité, il y a des gens qu'effraie même cette allure de tortue. Aussi, lors de la dernière session de la Société des Nations, des mesures complémentaires ont-elles été prises pour prévenir non seulement le désarmement prématuré, mais jusqu'à l'examen du problème. (*Rires. Exclamations :* « Ils ont désarmé! » *Rires.*) On a imaginé et créé dans ce but, le soi-disant Comité de sécurité. Ce nouveau rejeton de la Société des Nations devra discuter les garanties supplémentaires de sécurité pour les membres de la Société, en d'autres termes, délibérer sur les garanties qui leur sont nécessaires pour digérer en sûreté le butin de la guerre mondiale et les territoires dérobés par la violence, en vertu des traités de Versailles, de Saint-Germain et autres. Ce même Comité devra, dans le même but, réviser les articles correspondants des statuts de la Société des Nations, dans le sens de leur renforcement. Ce n'est qu'après l'achèvement satisfaisant des travaux de ce Comité qu'on pourra aborder l'examen du projet de convention, dont je viens de vous entretenir.

Voilà le bilan des travaux de désarmement accomplis par la Société des Nations, tel que notre délégation l'a constaté à Genève.

La quatrième session de la Commission préparatoire, à laquelle nous avons pris part, avait un ordre du jour bien minuscule. Il se bornait à deux points : fixation de la date de la session suivante (*rires*) et création du Comité de sécurité (*rires*).

Abstraction faite de cette création qui fut combattue non seulement par nous, mais aussi par d'autres délégations, il reste que les représentants de 26 Etats, venus de toutes les parties du monde, se sont réunis à Genève pour fixer la date de la session suivante. Il n'y a donc rien d'étonnant à ce que, lorsque la délégation soviétique se mit, en pleine Commission préparatoire, à parler immédiatement du désarmement, son intervention apparut comme un sacrilège, comme un attentat aux fondements d'une Commission de la Société des Nations, comme une infraction à toutes les convenances.

Mais nous avons nos idées à nous sur les convenances politiques. Nous ne nous sommes pas gênés de poser à notre guise la question du désarmement. Nous avons présenté notre projet de désarmement. Nous l'avons non seulement apporté, mais nous avons aussi critiqué l'œuvre antérieure de la Société des Nations et de la Commission préparatoire, et particulièrement leurs méthodes de travail. Au projet vague, embrouillé, tout à fait irréel de convention, bon seulement pour servir de canevas à des controverses, désaccords et discussions sans fin, au projet qui, dans la meilleure hypothèse, ne comporte aucun allègement appréciable du fardeau du militarisme et n'offre absolument aucune garantie contre de nouvelles guerres, — nous avons opposé notre plan de désarmement universel et complet — un plan clair, concret, facilement réalisable, bien entendu à la condition qu'on le veuille, et ne portant préjudice à aucun des États existants.

Nous avons naturellement notifié que nous sommes prêts à tenir compte de la difficulté que présente pour les autres l'acceptation immédiate du projet de désarmement complet et immédiat, que nous sommes prêts à aller au devant d'eux et à accepter pour réaliser le désarmement un délai de quatre ans. Nous avons ajouté que nous sommes prêts à examiner un délai de quatre ans. Nous avons ajouté que nous sommes prêts à examiner les autres propositions qui s'orienteraient dans la direction que nous avons tracée, dans le sens du vrai désarmement.

Les dirigeants de la Commission ont fait néanmoins, sous divers prétextes, tout ce qui dépendait d'eux pour mettre notre proposition sous le boisseau et passer à l'ordre du jour, sans prendre aucune décision. Cela était indispensable, non seulement parce que notre proposition dérangeait leur plan, lequel ne consistait qu'à fixer la date de la session suivante, mais surtout parce qu'ils n'avaient rien à objecter à notre proposition, ce qui fut prouvé d'une manière éclatante par la discussion insignifiante qui eut lieu tout de même. Quelles sont, en effet, les objections qu'on nous fit entendre? Voyez-vous, le projet est trop simple, si simple qu'il exige une réponse également simple, qu'il n'admet pas les délibérations trop longues, les controverses et les méthodes d'ajournement auxquelles la Société des Nations est habituée, — de ce point de vue, la simplicité de notre programme présente pour aucuns certains inconvénients.

On a dit ensuite que notre programme était trop bon pour n'avoir pas été conçu autrefois, et du moment que nos aïeux ne l'avaient pas inventé, nous n'avions pas non plus à nous en occuper aujourd'hui (*rires*). On nous a dit aussi que la Commission avait déjà son projet de convention, qui avait exigé beaucoup de travail et que, par conséquent, on ne pouvait pas le laisser perdre et l'avoir fait pour rien (*rires*); qu'il fallait continuer à s'occuper de ce projet et non pas d'un projet nouveau. En même temps, les membres de la Commission ont avoué franchement que leurs travaux pour ce projet ont conduit la Commission dans une forêt absolument impénétrable et sans aucune issue; mais pour se consoler, ils se sont souvenus que jadis un sage philosophe a dit : « *Si tu t'égares dans une forêt, continue ton chemin dans la même direction, ne tourne ni à droite ni à gauche, et tôt ou tard tu en sortiras!* » (*Rires.*) La Commission préparatoire, bien qu'elle se soit égarée, doit suivre jusqu'à la fin le chemin obscur qu'elle s'est choisi, sans prêter attention à l'issue nouvelle, simple et claire, qu'on lui désigne. On a aussi remarqué que plusieurs pays pourraient, en dépit d'une convention de désarmement complet, continuer leurs armements. C'est une objection qu'on peut produire contre toute autre convention internationale. Il me semble, au contraire, qu'il est beaucoup plus facile de contrôler et de surprendre en flagrant délit l'Etat qui s'est obligé à n'admettre chez lui aucune armée, aucune flotte, maritime ou aérienne, s'il entreprend, en dépit de cette convention, de jeter les bases d'une nouvelle armée ou marine, — ce sera plus facile que dans le cas où, ne s'étant obligé qu'à réduire ses armements, il continue à les augmenter en secret. Tous ces arguments ne sont pas sérieux.

Le « socialiste » Paul-Boncour, qui avait la tâche ingrate de parler, en cette occurrence au nom de tous les Etats capitalistes qui s'opposent à nous, essaya d'élever le débat au niveau des principes. Il essaya de prouver que la réalisation de notre projet de désarmement complet porterait particulièrement préjudice aux petites nations, lesquelles se trouveraient, en cas de désarmement, dans une situation inégale... (Losovsky : « *Et maintenant, se trouvent-elles dans une situation égale?* »)... vis-à-vis des Etats économiquement plus puissants. Comme si cette inégalité-là n'existait pas actuellement et comme si la distribution inégale des armements et de l'industrie de guerre atténuait cette inégalité dans une mesure quelconque! Comme si les petites nations se trouveraient, après le désarmement de leurs puissants voisins, moins exposées que maintenant, alors que ces voisins ajoutent à leur puissance économique, financière, territoriale et autre, la supériorité colossale des armements!

Certains journaux bourgeois, même de tendance libérale, ont repoussé notre programme par des arguments philosophiques sur la nature belliqueuse de l'homme, sur son caractère batailleur (*rires*). La lutte sous telle ou telle forme étant chose inévitable, disaient-ils, il en résulterait qu'en cas de désarmement complet, les peuples se combattraient à coups de poings (*rires*). Suivant les journaux, cela constituerait un recul de la civilisation vers la barbarie. Les satellites de la civilisation sont : la poudre, le plomb, les tanks, les balles dum-dum, les sous-marins, les lance-bombes, la destruction des villes, les gaz asphyxiants et autres attributs de la guerre contemporaine, hors de quoi aucune civilisation n'est possible. Nos propositions ont donné naissance à une littérature assez abondante à l'étranger. Tous les journaux, toutes les revues ont certainement traité le sujet. J'ai suivi avec attention tous les organes de la presse, mais je dois témoigner que je n'ai trouvé nulle part d'autres arguments que ceux que je viens d'énumérer.

La situation des représentants des Etats capitalistes dans la Commission était vraiment tragique. Ils ne peuvent pas dire qu'ils repoussent le désarmement complet. En effet, toute l'idée de la Conférence pour le désarmement a surgi du fait que même les gouvernements capitalistes, les gouvernements les plus réactionnaires, sont obligés de payer tribut à l'opinion publique, qui exige des garanties contre les guerres à venir, qui exige l'allègement du fardeau du militarisme. Ils ne peuvent donc pas dire ouvertement qu'ils ne veulent pas le désarmement complet; mais ils ne peuvent pas non plus dévoiler les vraies causes de cette opposition. Ces causes, vous et moi, les connaissons fort bien; et cependant ils n'ont pu faire d'objections judicieuses à notre programme. Ils n'ont pas pu prouver qu'avec le désir et la volonté de désarmer, ce programme était irréalisable. Et voilà pourquoi, après avoir essayé de repousser la discussion, ils ont fini par l'étouffer.

Un des membres de la Commission, le représentant de la Grèce, M. Politis, proposa de passer à l'ordre du jour sans prendre de décision, tout en permettant gracieusement à notre délégation de présenter à nouveau nos propositions à la session prochaine de la Commission préparatoire. J'ai été forcé de rappeler à M. Politis que même les convenances bourgeoises n'admettent pas une manière si audacieuse de traiter les propositions présentées par un membre d'une Assemblée; que j'avais le droit d'exiger, — c'est assurément leur affaire de la soumettre à la discussion ou non, — soit l'acceptation de notre proposition, soit son rejet; que si, pour quelque raison, ils ne peuvent prendre telle ou telle décision immédiate, n'ayant peut-être pas pouvoirs à cet effet de leurs gouvernements, ils peuvent du moins l'ajourner jusqu'à la session suivante, mais que, même pour cela, il faut une décision de la Commission. J'ai obtenu du président la déclaration que nos propositions, sont déjà considérées comme présentées et comme versées dans les dossiers de la Commission (*rires*), laquelle devra automatiquement s'occuper d'elles à la session suivante.

Il est hors de doute que même à la session suivante, on tentera, par la même tactique, de faire le silence sur nos propositions, de n'y pas prêter attention et de ne pas engager une discussion trop sérieuse, et notre délégation aura à soutenir une lutte encore plus obstinée pour que notre programme soit examiné plus sérieusement et plus à fond, pour qu'on l'accepte ou, si on le repousse, qu'on donne les raisons de ce rejet et, avant tout, pour faire modifier les traînantes méthodes de travail de la Commission préparatoire.

Nous entrâmes également en conflit avec les autres membres de la Commission préparatoire quant à la date de la session suivante. La délégation soviétique proposait la date la plus rapprochée possible. Elle fit remarquer que, dans la mesure où cela dépendait d'elle, elle était prête à travailler sans désemparer, à travailler même pendant les fêtes, mais que, prenant en considération l'interruption déjà prévue à cause de la session du Conseil de la Société des Nations, ainsi que le désir manifeste des membres de la Commission de ne pas travailler pendant les fêtes, elle proposait d'ouvrir la V° session le 10 janvier, c'est-à-dire à la date la plus proche après les fêtes. Mais la Commission a un régime de travail à elle. Tout en persévérant dans son projet de convention, dont la discussion exige un accord préalable sur les questions indiquées, tout en persistant à vouloir lier d'une façon ou d'une autre ses propres travaux à ceux du Comité de sécurité, la Commission insistait pour ajourner le plus possible la session suivante.

Nous avons alors déposé une motion proposant de proclamer une fois pour toutes, l'indépendance complète des travaux de la Commission préparatoire par devers ceux du Comité de sécurité. La délégation allemande a appuyé notre motion, en y insérant quelques amendements insignifiants. Elle insistait également sur la convocation la plus prompte possible de la Commission préparatoire, mais bientôt elle lâcha prise, rétrograda et adhéra à la proposition mitigée de convoquer la Commission préparatoire pour le 15 mars.

Je dois noter qu'en cette occurence comme en plusieurs autres, la délégation allemande marcha avec nous sur une certaine distance. Pour des causes distinctes des nôtres, la délégation allemande est également intéressée à la solution urgente de la question du désarmement. Désarmée par le traité de Versailles, l'Allemagne fonde sa réclamation de désarmement des autres pays sur un article des statuts de la Société des Nations. Si cet article n'est pas observé, l'Allemagne peut exiger le droit d'armer elle-même.

La délégation allemande tendait comme nous à disjoindre la Commission préparatoire pour le désarmement du Comité de sécurité et cela dans le but d'accélérer les travaux, mais liée par les résolutions de la Société des Nations, dont elle est membre, elle n'a évidemment pas pu mettre la même insistance que la délégation soviétique à défendre jusqu'au bout ses revendications.

Finalement on peut constater, que dans toutes les questions traitées par la Commission, un fossé clair et net nous séparait des autres délégations. Nous et eux. C'est tout à fait dans l'ordre des choses. Nous ne pouvons pas nous en plaindre. Vous devez comprendre, camarades, que dans ces conditions nous n'avons pas toujours pu nous prononcer quand nous le voulions, ni dire ce qu'il nous fallait dire.

Encore deux mots sur le Comité de sécurité. Nous avons refusé d'entrer dans ce Comité en qualité de membre. Nous avons déclaré que nous considérons sa création comme une tentative pour faire traîner en longueur les travaux pour le désarmement et que nous ne pouvons assumer la responsabilité d'une telle méthode. En outre, n'étant pas membres de la Société des Nations et ne reconnaissant pas son statut, nous ne pouvons naturellement pas nous occuper de réviser, éclaircir ou préciser les articles de ses statuts, et en général les décisions prises antérieurement par le Conseil de la Société des Nations ou par la Société des Nations elle-même. Cependant, comme une connexion technique entre la Commission préparatoire et le Comité de sécurité a été établie malgré nous, nous avons consenti à participer au Comité en qualité d'observateurs, c'est-à-dire dans un bout d'information. Je dois dire que les droits de ce qu'on appelle « observateurs » dans la Société des Nations ne sont pas réglementés et qu'ils s'établissent dans chaque cas particulier, après entente.

J'ai assisté aux premières sessions du Comité de sécurité en qualité d'observateur, et si j'avais voulu prendre la parole sur telle ou telle question, je n'aurais probablement pas rencontré d'obstacles. Mais je n'ai pas profité de cette faculté, d'autant que les questions traitées ne nous concernaient absolument pas.

Le Comité ne faisait qu'élaborer son ordre du jour et même là, deux tendances nettement distinctes se sont aussitôt dessinées. On tentait d'une part, de ressusciter ce qu'on appelle le protocole de Genève concernant l'arbitrage obligatoire et les garanties réciproques. C'est ce même protocole qui, accepté en principe, mais non formellement, par le gouvernement de Mac Donald, fut rejeté ensuite par le gouvernement conservateur actuel de Grande-Bretagne. Cette tentative n'a certainement pas échappé au délégué anglais, qui déclara sans équivoque qu'il fallait considérer le protocole comme définitivement enterré, que si le Comité voulait discuter ce protocole, il pouvait certainement le faire, mais que lui, délégué, devait prévenir qu'aucun des assistants ne vivrait assez pour voir la fin de la discussion. (*Rires.*)

Ce premier échange d'opinions dans le Comité de sécurité donne une idée claire des combats qui se livreront à l'avenir, et sert en même temps de confirmation éclatante à l'opinion que nous avons émise et comme quoi le fait d'établir une dépendance mutuelle entre la Commission préparatoire pour le désarmement et le Comité de sécurité est le meilleur moyen de condamner les travaux pour le désarmement à une stérilité complète ou, dans le meilleur cas, à temporiser à l'infini.

La somme de notre participation aux travaux de Genève consiste à avoir posé pour la première fois dans le monde le problème du désarmement réel, dans toute sa gravité, sous son aspect concret. Que nos adversaires relèvent, comme l'a fait Bénès, le manque de nouveauté de nos propositions. Mais on ne peut pas se dégager du fait que, pour la première fois dans l'histoire de l'humanité, a été faite une proposition de désarmement complet, donc d'abolition définitive des guerres, non pas sous la forme d'une résolution ou d'un vœu pieux émanant d'une société pacifiste, mais sous la forme d'un programme concret, soigneusement élaboré et au nom d'un grand État occupant la sixième partie du globe. Il est impossible de laisser un pareil fait inaperçu, et nous ne permettrons pas qu'on le fasse. Si nous sommes restés isolés à Genève, nous pouvons cependant constater l'existence d'une multitude énorme de partisans et d'adhérents dans toutes les parties du globe terrestre. Les nombreux télégrammes, lettres, résolutions que nous avons reçus à Genève même et que nous continuons à recevoir ici en témoignent. De nombreuses motions ont été votées non seulement par des sociétés pacifistes, mais même par certains partis de la IIe Internationale, obligés de reconnaître la grandeur de notre programme et de s'y joindre, ne fût-ce qu'en paroles.

Que la bourgeoisie soit fort inquiète de nos propositions, cela ressort des efforts qu'elle fait maintenant pour les dénigrer. Elle commence à avoir recours aux moyens les plus héroïques. Elle recommence à fabriquer des « lettres de Zinoviev ». Ces jours-ci une agence télégraphique de filous, en Amérique, a répandu par le monde un article apocryphe attribué au camarade Staline où celui-ci se vante, soi-disant, de nos progrès dans le domaine des armements aériens et même de notre supériorité sur l'Angleterre. L'article est assurément faux, Staline n'a jamais écrit cela nulle part, pas plus que quiconque d'entre nous. L'origine a beau en être des plus obscures, de sérieux journaux bourgeois l'ont acceptée et imprimé et le commentent. Voilà les moyens auxquels la bourgeoisie a besoin de recourir pour neutraliser, détruire l'énorme impression qu'ont produites dans le monde entier les propositions du gouvernement soviétique! Mais elle n'y réussira pas. Un « socialiste » de la IIe Internationale a déclaré, il y a quelquesjours : « *Que la Russie soviétique donne l'exemple, qu'elle désarme, et nous verrons si nous pouvons la suivre!* » (*Rires. Des voix :* Pas si bêtes! ») Ce n'est certainement pas là une proposition naïve; elle est simplement stupide et ne mérite aucune réponse. Nous savons parfaitement qu'il y en a qui voudraient bien, non pas le désarmement universel, mais simplement celui de l'Etat soviétiste, unique au monde, pour n'avoir plus qu'à en ramasser les morceaux. Mais le tour ne passera pas. (*Applaudissements.*)

Nous avons déclaré et nous déclarons que nous sommes prêts à réaliser entièrement notre programme si les autres pays y consentent également. Si les gouvernements capitalistes mettent notre sincérité en doute, ils ont un moyen de la vérifier. C'est de se joindre à notre programme. Qu'ils le fassent donc! Mais s'ils ne le font pas, s'ils ne peuvent pas le faire ou s'ils ne le veulent pas, ils témoigneront malgré eux devant le monde entier qu'une proposition de désarmement complet et d'abolition des guerres ne peut être apportée que par l'Etat soviétique et ne pourra être acceptée et réalisée que lorsque le système soviétique s'étendra à tous les autres Etats du monde, dont la politique aura alors pour base les principes dont s'inspire l'U. R. S. S. (*Vifs applaudissements.*)

Le Projet de Désarmement de l'U. R. S. S.

Dès le commencement de février, l'U. R. S. S. envoya à Genève le texte de son projet de désarmement. Nous le reproduisons dans son intégralité.

Animés du ferme désir de sauvegarder la paix générale,

Considérant que l'existence et l'accroissement des forces armées présente un immense danger, portant en soi le germe de nouvelles conflagrations armées inévitables,

Considérant que les tentatives d'approfondir à l'excès et d'embrasser dans tous leurs détails la totalité des facteurs qui exercent une influence sur l'existence et l'accroissement des armements n'ont abouti qu'à l'insuccès ou ont fait traîner en longueur la solution des questions du désarmement;

Les États contractants ....
....
reconnaissent solennellement que l'unique moyen réel contribuant à la sauvegarde de la paix ne peut être que l'abolition générale et complète de toutes les forces armées et concluent la présente Convention, après avoir désigné à cet effet leurs plénipotentiaires, à savoir :

....
....
lesquels, après avoir échangé leurs pleins pouvoirs, trouvés en bonne et due forme, ont convenu :

A partir du jour de l'entrée en vigueur de la présente Convention, il sera procédé au désarmement complet, lequel devra être terminé dans un délai de quatre ans, de manière à limiter, dès la première année, la possibilité des conflits armés.

CHAPITRE PREMIER

Effectives des Forces armées

ARTICLE PREMIER. — Toutes les unités et corps de troupes, ainsi que tous les effectifs des armées de terre, de mer et des airs, soit des métropoles, soit des possessions d'outremer, sont dissous dans les quatre ans à partir de l'entrée en vigueur de la présente Convention, et ne sont à l'avenir admis sous aucune forme ouverte ou clandestine.

La dissolution des effectifs se fait par quatre étapes successives :

a) Pendant la première année à partir de l'entrée en vigueur de la présente Convention, est dissoute la moitié des effectifs en service, officiers, fonctionnaires et hommes de troupe, et

b) Les années suivantes — les autres effectifs par parties égales.

Remarque. — On entend par effectifs des forces armées, les effectifs se trouvant sous les drapeaux en service militaire actif de même que les réserves militaires instruites qui, dans chacun des États contractants, sont inscrites au rôle des diverses organisations militaires et publiques.

ARTICLE 2. — Les ministères de la Guerre, de la Marine et de l'Aéronautique, ainsi que les états-majors généraux, toutes les écoles militaires et toutes sortes de directions, institutions et établissements militaires sont supprimés, sauf les cas prévus à l'article 5 de la présente Convention, dans un délai d'un an, après l'entrée en vigueur de la présente Convention et ne peuvent plus être reconstitués.

ARTICLE 3. — Dans le délai d'un an, à partir de l'entrée en vigueur de la présente Convention, sont détruits tous les états et pièces relatifs aux réserves militairement instruites et tenus par les institutions d'État et les organisations publiques.

Egalement dans le même délai sont abolis tous les actes législatifs, concernant l'organisation de l'inscription militaire.

Article 4. — Dans le délai d'un an à partir de l'entrée en vigueur de la présente Convention sont détruits tous les documents relatifs à la mobilisation des forces armées; sont interdites, à l'avenir, toutes mesures de mobilisation.

Article 5. — Pendant quatre ans à partir de l'entrée en vigueur de la présente Convention, peuvent être maintenus, selon une convention spéciale, les états-majors, les directions, les institutions et les établissements dans une quantité strictement indispensable pour l'application des mesures techniques, pour la liquidation des forces armées, ainsi que pour l'achèvement de tous les travaux nécessaires, d'ordre administratif et économique, ayant rapport au désarmement.

Article 6. — Tous les dossiers, concernant la liquidation des forces armées sont transmis aux ministères civils dans le délai de quatre ans à partir de l'entrée en vigueur de la présente Convention.

Tous les dossiers et les archives des ministères de la Guerre, de la Marine militaire et de l'Aéronautique, des unités de l'armée, des états-majors, des directions, institutions et établissements sont détruits dans le même délai.

Article 7. — Le personnel des forces armées licenciées est pourvu de travail dans d'autres domaines de l'activité sociale et économique.

Jusqu'au moment où il est pourvu d'un emploi, il peut provisoirement être maintenu à la charge du budget de l'État dans l'ordre général.

Lors de l'admission des personnes susdites à la retraite, au titre de leurs années de service, les années de service militaire leur sont comptées comme passées au service de l'État.

Article 8. — Les allocations de crédits pour l'entretien des forces armées, soit par le budget d'État, soit par les budgets des diverses associations, doivent être limitées aux chiffres strictement nécessaires pour l'entretien des forces armées restant en service actif, conformément à une convention spéciale.

Dans les quatre ans, le budget pour l'entretien des forces armées doit être annulé et ne peut figurer sous aucun titre au budget de l'Etat.

ARTICLE 9. — Dans le délai d'un an à partir de l'entrée en vigueur de la présente Convention sont abrogés tous les actes législatifs concernant le service militaire obligatoire, volontaire et par recrutement.

Les principes du service militaire jusqu'à l'achèvement du désarmement complet sont fixés par des règlements spéciaux par chacun des Etats contractants.

ARTICLE 10. — Immédiatement après l'entrée en vigueur de la présente Convention sont interdits, par voie législative :

1° Les publications militaires spéciales;
  a) Recherches scientifiques et traités de théorie;
  b) OEuvres d'histoire militaire;
  c) Manuels d'instruction militaire;
  d) Règlements militaires;
  e) Manuels de toute sorte pour l'étude des moyens techniques d'armement;

2° L'instruction militaire des populations, y compris la convocation des réserves instruites, ainsi que la propagande militaire parmi la population;

3° L'éducation militaire de la jeunesse, soit par l'Etat, soit par des associations publiques.

CHAPITRE II

Matériel.

Titre premier. — Armements de terre

ARTICLE 11. — Sont détruits dans un délai d'un an à partir de l'entrée en vigueur de la présente Convention, les stocks d'armes, de munitions et d'autres moyens d'armement et de destruction, énumérés ci-dessous, qui se trouvent à la disposition du ministère de la Guerre. Les chars d'assaut, les matières toxiques de guerre et les engins qui les répandent (lance-gaz, pulvérisateurs, ballons et autres appareils), se trouvant en service ou stockés, sont détruits en première ligne.

Peut être maintenue parmi les forces armées de chacun des États contractants une quantité d'armes strictement nécessaire pour les effectifs laissés en service actif. La proportion entre les forces armées de chaque État et la quantité des moyens techniques de lutte énumérés dans la liste ci-dessous est à établir par une Convention spéciale.

Pendant les deuxième, troisième et quatrième année après l'entrée en vigueur de la présente Convention, la destruction de tous les moyens d'armement se fait par étapes consécutives proportionnellement à la limitation du personnel.

Après l'achèvement du désarmement dans chacun des États contractants est maintenue une quantité minimum d'armes et de munitions, nécessaires pour tous les genres de police et pour l'usage personnel, conformément aux articles 39, 43 et 44.

LISTE DU MATÉRIEL DE GUERRE A DÉTRUIRE

1° Fusils automatiques et à répétition;

2° Toutes les formes de mitrailleuses y compris les fusils-mitrailleurs, les mitrailleuses légères et lourdes;

3° Les lance-torpilles, les lance-grenades, les lance-bombes;

4° Les revolvers et pistolets automatiques, dont sont armées les troupes;

5° Les grenades à fusil et à main;

6° Les munitions de fusils et de revolvers de type militaire;

7° Les pièces d'artillerie de tous calibres et types et leurs munitions sous forme achevée, de même qu'en leurs parties constitutives;

8° Les chars d'assaut;

9° Les poudres et les explosifs ayant un emploi exclusivement militaire;

10° Toutes les matières toxiques de combat, de même que les engins qui les répandent, comme les lance-gaz, pulvérisateurs, ballons et autres appareils;

11° Les lance-flammes;

12° Tous les moyens de technique militaire non énumérés ci-dessus et ayant pour but de frapper et de détruire l'homme par l'homme, de même que tous les éléments des objets énumérés.

ARTICLE 12. — Toutes les commandes d'objets d'armement énumérés dans l'annexe à l'article 11 de la présente Convention, faites par les ministères de la Guerre, de la Marine et de l'Aéronautique sont annulés.

Le matériel de guerre se trouvant à l'étranger en fabrication sur commande est détruit dans le pays de fabrication.

ARTICLE 13. — Les pertes occasionnées par l'annulation des commandes indiquées à l'article 12, ainsi que des commandes d'objets spéciaux d'armement des flottes navales et aériennes énumérés aux articles 21 et 27, faites par les ministères de la Guerre, de la Marine et de l'Aéronautique, sont à compenser. La compensation se fait, soit conformément à la pratique législative de chacun des Etats contractants, soit conformément aux conditions des commandes.

ARTICLE 14. — Les autos blindées et tous les autres moyens de transport blindés, à l'exception des chars d'assaut, doivent être désarmés, c'est-à-dire démunis de leur cuirasse et de leurs armes, lesquelles doivent être détruites, tout ceci dans le délai d'un an à partir de l'entrée en vigueur de la présente Convention.

Article 15. — Les revolvers et fusils de chasse (de modèle non militaire) destinés respectivement à la défense personnelle et à la chasse peuvent être laissés entre les mains de particuliers, en vertu d'autorisations spéciales. Le nombre de ces revolvers et fusils de chasse pour chacun des Etats contractants est fixé par une convention spéciale proportionnellement au chiffre de la population.

Article 16. — Les explosifs qui peuvent servir à des fins industrielles, agricoles et à d'autres buts d'utilité sociale ne sont pas passibles de destruction, mais sont transmis par les ministères de la Guerre, de la Marine et de l'Aéronautique aux organisations économiques respectives dans un délai d'un an à partir de l'entrée en vigueur de la présente Convention.

Titre II. — Armements de mer.

Article 17. — Dans le délai d'un an à partir de l'entrée en vigueur de la présente Convention, sont exclus de l'effectif de guerre de la marine tous les bâtiments de ligne, les croiseurs, les porte-avions et les sous-marins.

Article 18. — Tous les autres bâtiments et moyens flottants construits dans des buts spéciaux de guerre, énumérés dans la liste ci-annexée, ainsi que l'aviation navale, sont exclus de l'effectif de guerre de la marine dans les quatre ans, chaque année par parties égales, conformément à une convention spéciale.

Enumération des bâtiments à désarmer.

1° Bâtiments de ligne garde-côtes;
2° Torpilleurs de tous types;
3° Monitors;
4° Canonnières, jaugeant plus de 3.000 tonnes;
5° Batteries flottantes;
6° Hydroplans de tous types.

Remarque. — Les bâtiments et leur armement peuvent subsister conformément aux conditions prévues par les articles 43 et 44 de la présente Convention pour la formation d'une police maritime et pour la protection des frontières.

Article 19. — Le personnel des bâtiments exclus de l'effectif de guerre de la marine est immédiatement dissous.

A l'expiration de trois mois après l'exclusion des bâtiments des listes militaires de la marine, le matériel d'artillerie des bâtiments, ainsi que les armements pour mines et torpilles, est rendu inutilisable sur la base de conditions techniques spéciales; les réserves d'artillerie de la flotte destinées à ces bâtiments, les torpilles et les mines sont détruites.

Au cours des neuf mois suivants, l'artillerie rendue inutilisable, les appareils pour mines et pour torpilles sont enlevés des bâtiments de guerre et détruits.

Article 20. — Dans les trois mois après l'exclusion de l'effectif de guerre de la marine des bâtiments qui ne peuvent être utilisés dans des buts pacifiques, leurs mécanismes de bord sont rendus inutilisables, conformément à des dispositions techniques spéciales.

Au cours des neuf mois suivants, les mécanismes de bord sont enlevés, après quoi les bâtiments eux-mêmes sont entièrement démontés.

Article 21. — A partir de l'entrée en vigueur de la présente Convention, les programmes navals existants sont annulés; toute nouvelle construction de bâtiments de guerre est interdite.

Tous les bâtiments de guerre en construction ou en réparation sur commande, soit nationale, soit étrangère, sont désarmés au même titre que les bâtiments de la marine active des Etats contractants.

Article 22. — L'armement des bâtiments de la marine commerciale est détruit au même titre que celui des marines militaires pendant la première année de l'entrée en vigueur de la présente Convention.

Il est interdit à l'avenir d'adapter et d'armer les bâtiments de la flotte commerciale dans des buts militaires.

Titre III. — Armements aériens.

ARTICLE 23. — Pendant la première année de l'entrée en vigueur de la présente Convention sont exclus des listes militaires de la flotte aérienne de guerre les avions lourds de bombardement, les porte-torpilles et les dirigeables.

ARTICLE 24. — Tous les autres aéronefs militaires, qui ne sont pas mentionnés à l'article précédent et qui, par leurs propriétés spécifiquement militaires, ne peuvent pas être utilisés pour des buts sociaux et économiques sont détruits au cours de quatre années, chaque année par parties égales, conformément à des dispositions techniques spéciales.

ARTICLE 25. — Dans le délai d'un an à partir de l'entrée en vigueur de la présente Convention sont détruits tous les stocks de bombes d'avion et d'autres moyens destinés à être lancés des aéronefs.

ARTICLE 26. — Tout l'armement des aéronefs militaires qui doivent être conservés pour être utilisés dans le domaine social et économique, doit être enlevé et détruit à l'expiration de trois mois, à partir du moment de leur exclusion de l'effectif de guerre des flottes militaires aériennes. Ensuite ces aéronefs sont transmis aux organisations civiles respectives.

ARTICLE 27. — Doivent être désarmés tous les aéronefs de la flotte militaire aérienne du service actif, ainsi que ceux qui sont en réserve ou en construction, sur commande nationale ou étrangère.

ARTICLE 28. — Tout armement des aéronefs et tout aménagement pour y fixer des armements est à l'avenir interdit.

Les aéronefs, destinés à des buts pacifiques, ne peuvent exister que dans des conditions strictement conformes aux besoins économiques ou sociaux réels de chaque pays. Leur nombre pour chaque Etat contractant sera déterminé par une convention spéciale.

Titre IV. — Fortifications et bases.

Article 29. — Dans le délai de trois ans à partir de l'entrée en vigueur de la présente Convention, tout l'armement des forteresses et autres ouvrages fortifiés, des bases maritimes et aériennes est rendu inutilisable, conformément à une liste établie dans une convention spéciale.

Au cours de l'année suivante, l'armement est enlevé et détruit, les fortifications sont démantelées et détruites; la construction de n'importe quel nouveau bâtiment fortifié est interdite à l'avenir.

[Titre V. — Industrie militaire.

Article 30. — Dès l'entrée en vigueur de la présente Convention, toutes les entreprises d'État et privées cessent toute production des objets d'armement énumérés dans la liste annexée à l'article 11, comme de ceux qui sont mentionnés aux articles 19, 23, 24 et 25; on procédera aux préparatifs pour le passage de ces entreprises à la production pacifique.

Jusqu'à ce que ces entreprises soient réoutillées pour des buts pacifiques ou que les travailleurs des entreprises des industries militaires soient engagés dans d'autres entreprises, ces travailleurs restent à la charge de l'État qui pourvoit à leurs besoins, au compte du budget militaire.

Article 31. — Au cours de la première année à partir de l'entrée en vigueur de la présente Convention, sont détruits les plans, les appareils de vérification et les modèles destinés à l'industrie militaire.

Article 32. — Dans le délai de deux ans à partir de l'entrée en vigueur de la présente Convention, il sera procédé à la désaffectation des usines et entreprises de l'industrie militaire, ainsi que des arsenaux, sauf les cas prévus à l'article 34 de la présente Convention.

Dans les entreprises appartenant à l'État ou aux particuliers sont détruits tous les métiers, machines, automates et appareils, destinés exclusivement à la confection du matériel de guerre, énuméré à l'annexe de l'article 11 de la présente Convention et aux articles 19, 23, 24 et 25.

ARTICLE 33. — A l'avenir demeurent interdites la restauration de l'aménagement des usines, entreprises et arsenaux de l'industrie militaire, de même que toute préparation des entreprises productrices de l'industrie de l'Etat ou privée à la fabrication du matériel de guerre énuméré aux articles 11, 19, 23, 24 et 25.

ARTICLE 34. — Dans le but de produire le minimum d'armes et de munitions nécessaires à la police de tout genre prévue par le chapitre III de la présente Convention, ainsi que pour l'usage personnel des citoyens aux fins prévues par l'article 15 de la présente Convention, chaque Etat contractant est autorisé à conserver les entreprises nécessaires, dont le nombre, la force productrice et le mode de production, ainsi que les dispositions concernant le trafic des armes, sont à établir par une Convention spéciale.

ARTICLE 35. — La production des explosifs nécessaires à la construction et à l'industrie minière est établie par chacun des Etats contractants en stricte conformité avec les besoins économiques et est soumise à un contrôle sur la base d'une Convention spéciale.

ARTICLE 36. — Il sera interdit par voie législative de breveter toutes les formes d'armement et de moyens de destruction.

CHAPITRE III

Organisation de la protection.

Titre premier. — Protection sur terre.

ARTICLE 37. — L'effectif de la garde douanière, de la police municipale et des gardes forestières et autres, ainsi que la quantité de leur armement existant actuellement, ne doit pas, pendant quatre ans depuis la conclusion de la présente Convention, dépasser le nombre fixé au 1ᵉʳ janvier 1928; leur mode d'organisation ne doit pas permettre leur utilisation pour la guerre.

ARTICLE 38. — Après l'expiration du délai de quatre ans établi par la présente Convention pour effectuer le désarmement complet et général, est autorisé, pour les besoins de la police douanière et fiscale, de la police intérieure, ainsi que pour la garde des biens de l'Etat et des particuliers sur le territoire de chacun des Etats contractants, l'entretien d'un service de protection et de police, dont le personnel est engagé sur la base du libre contrat; est aussi autorisé le maintien du minimum des moyens élémentaires et nécessaires d'armement.

Le nombre du personnel des services de ces catégories est à établir dans une convention spéciale en conformité avec le chiffre de la population de chacun des Etats contractants, la longueur du réseau des voies de communication, l'existence des objets de protection qui ont une importance pour l'Etat, le développement de la sylviculture, etc.

ARTICLE 39. — Des fusils à dix coups et des pistolets du calibre maximum de 0,8 c/m peuvent être laissés pour armer la police et les gardes.

Les munitions de réserve peuvent être déposées en des lieux fixés par une Convention spéciale et ne peuvent dépasser 1.000 cartouches par fusil, et 100 cartouches par pistolet.

Le complément annuel des munitions ne doit pas dépasser l'usure réelle de l'armement et la consommation réelle en munitions.

Titre II. — Protection sur mer.

ARTICLE 40. — Après l'expiration du délai de quatre ans établi par la présente Convention pour effectuer le désarmement complet et général, est organisée une police de mer, fonctionnant conformément à une convention spéciale et destinée à la protection nécessaire des richesses naturelles de la mer et des câbles sous-marins, à la répression de la piraterie et de la traite des esclaves, ainsi qu'à d'autres buts qui pourraient à l'avenir faire l'objet d'une protection internationale en haute mer.

Article 41. — Dans le but de la protection sur mer, les espaces maritimes mondiaux sont divisés en 16 zones, conformément à l'énumération ci-dessous

Énumération des zones de protection

Zones	Limites des zones	Etats chargés de la protection
1. Mer Baltique.	Toute la zone de la mer Baltique y compris le Kattégat et le Skagerrak. A l'ouest, la zone est limitée par le 8° de longitude est de Greenwich.	
2. Mer du Nord.	Cette zone (en commençant par le nord) est limitée par le 70° de latitude nord, ensuite par la côte de Norvège, jusqu'à l'intersection avec le 8° de longitude est de Greenwich, en suivant ce méridien jusqu'à son intersection avec la côte allemande, puis le long des côtes allemandes, hollandaises, belges et françaises jusqu'au cap St-Mathieu, puis par la ligne unissant ce cap au cap Lizard, puis par la côte sud et ouest de l'Angleterre jusqu'à son intersection avec le 4° ouest de Greenwich ; Ce méridien jusqu'à son intersection avec la parallèle de latitude de 70° nord.	
3. Partie orientale de l'Océan Glacial Arctique	Cette zone est limitée (en partant de l'ouest) par le 4° de longitude ouest de Greenwich, ensuite par le 70° de latitude septentrionale, par les côtes de Norvège, de Finlande et de l'U. R. S. S., jusqu'au 170° de longitude ouest de Greenwich, en terminant à l'intersection du méridien et du 66°30' de latitude septentrionale.	

Zones	Limites des zones	Etats chargés de la protection
4. Partie occidentale de l'Océan Glacial Arctique ...	Cette zone est limitée (à partir de l'ouest) par une ligne commençant à l'intersection du 66° 30' de latitude septentrionale et du 170° de longitude ouest de Greenwich, par la côte de l'Alaska et du Canada y compris les détroits d'Hudson, ensuite par le 59° de latitude septentrionale jusqu'à l'intersection de cette parallèle avec le 4° de longitude ouest de Greenwich et au nord par le pôle nord.	
5. Mer Méditerranée	Toute la zone de la Méditerranée est limitée au nord-est par l'issue du détroit des Dardanelles, en suivant la ligne Sidd-el Bahr-Kum-Kalessi; au sud-est par l'entrée nord du canal de Suez et à l'ouest par l'entrée du détroit de Gibraltar, en suivant la ligne Trafalgar-Spartel	
6. Partie Nord-Ouest de l'Océan Atlantique	Cette zone est limitée (en partant du nord) par le 59° de latitude septentrionale et le 4° de longitude ouest de Greenwich, par la côte occidentale anglaise, par la ligne cap Lizard-cap St-Mathieu, par les côtes d'Europe, par la ligne Trafalgar-Spartel, par la côte ouest de l'Afrique, jusqu'à l'intersection avec l'équateur, par la ligne de l'équateur jusqu'au 30° de longitude ouest de Greenwich.	
7. Partie Nord-Ouest de l'Océan Atlantique	Cette zone est limitée (en commençant par le nord) par le 59° de latitude septentrionale, par la côte orientale de l'Amérique du Nord, y compris le golfe du Mexique, par une ligne suivant la côte de l'Amérique Centrale (y compris la mer des Caraïbes), ensuite par la côte de l'Amérique du Sud jusqu'à l'équateur et le long de ce dernier jusqu'au 30° de longitude ouest de Greenwich et enfin par ce méridien jusqu'au 59° de latitude septentrionale.	

Zones	Limites des zones	États chargés de la protection
8. Partie Sud-Est de l'Océan Atlantique	Cette zone est limitée (en partant du Nord) par la ligne de l'équateur, par la côte occidentale d'Afrique jusqu'au cap des Aiguilles, par le 20° de longitude est de Greenwich, par le pole sud et enfin par le 20° de longitude ouest de Greenwich.	
9. Partie Sud-Ouest de l'Océan Atlantique	Cette zone est limitée (en commençant par le nord) par l'équateur, ensuite par les côtes de l'Amérique du Sud jusqu'au cap Horn, de là par le 70° de longitude ouest de Greenwich jusqu'au pôle nord et jusqu'au 20° de longitude ouest de Greenwich.	
10. Mer Noire...	Toute la zone de la mer Noire est limitée au sud-ouest par la ligne Sudd-el-Bahr-Kum-Kalessi (les Dardanelles).	
11. Partie septentrionale de l'Océan Indien	Canal de Suez, mer Rouge, ensuite vers le sud le long de la côte orientale d'Afrique jusqu'au 11° de latitude méridionale et le long de cette parallèle jusqu'au 125° de longitude est de Greenwich, puis par le nord-ouest le long de la côte méridionale de Java et Sumatra jusqu'à l'entrée du détroit de Malacca, puis le long de la ligne des côtes de l'Indochine, des Indes et de la Perse, y compris le golfe Persique, et enfin le long des côtes d'Arabie jusqu'à l'entrée de la mer Rouge.	
12. Partie méridionale de l'Océan Indien	Cette zone est limitée (en commençant par le nord) par le 11° de latitude méridionale jusqu'à l'île de Cilbaug (archipel Malais), ensuite par la ligne allant de cette île jusqu'au cap Londonderry (Australie), puis par les côtes nord-ouest de l'Australie jusqu'au 145° de longitude est, en suivant ce méridien jusqu'au pôle sud et jusqu'au 20° de longitude est de Greenwich.	

Zones	Limites des zones	Etats chargés de la protection
13. Partie Nord-Ouest de l'Océan Pacifique	Cette région est limitée(en commençant par l'ouest) par le 170° de longitude ouest de Greenwich (à partir de son intersection avec le 72°30′ de latitude septentrionale, en suivant ce méridien jusqu'à l'équateur, ensuite par une ligne suivant l'équateur jusqu'au 155° de longitude est de Greenwich, puis par ce méridien jusqu'au 11° de latitude méridionale et par cette parallèle jusqu'à son point d'intersection avec la côte de l'Australie; par cette côte jusqu'à la ligne de Cilbang (archipel Malais) jusqu'à Londonderry (Australie), de là au nord-est le long de la côte septentrionale des îles du Grand Sund jusqu'à l'entrée du golfe de Malacca, ensuite au nord-est le long de la côte asiatique et du détroit de Behring, y compris les mers de Chine méridionale et orientale, du Japon, d'Okhostsk et de Behring.	
14. Partie Nord-Est de l'Océan Pacifique	Cette zone est limitée (en commençant par l'ouest) par le 170° de longitude ouest de Greenwich, par l'équateur et la côte occidentale de l'Amérique du Sud, du Centre et du Nord, jusqu'à l'intersection du 170° de longitude ouest de Greenwich avec le 66°30′ de latitude septentrionale	
15. Partie Sud-Ouest de l'Océan Pacifique	Cette zone est limitée (en commençant par le nord) par l'équateur, ensuite à l'ouest par le 155° de longitude ouest de Greenwich jusqu'au 11° de latitude méridionale, puis par cette parallèle jusqu'à l'entrée dans le détroit de Torrès, puis l'Australie orientale jusqu'au 145° de longitude est; de là par ce méridien jusqu'au pôle sud et de l'est par le 135° de longitude ouest de Greenwich.	

Zones	Limites des zones	Etats chargés de la protection
16. Partie Sud-Est de l'Océan Pacifique	Cette zone est limitée au nord par l'équateur, à l'ouest par le 135° de longitude ouest de Greenwich, jusqu'au pôle sud, à l'est par la côte occidentale de l'Amérique du Sud, depuis le pôle sud le long du 70° de longitude ouest de Greenwich jusqu'au cap Horn et le long de la côte jusqu'à l'équateur.	

REMARQUE. — La protection sur les mers intérieures baignant les côtes de deux ou plusieurs Etats est fixée par accord spécial entre ces Etats.

ARTICLE 42. — La sauvegarde des intérêts internationaux énumérés à l'article 40 est confiée, conformément à une convention spéciale, à des groupes régionaux d'Etats, ayant accès aux espaces maritimes énumérés à l'article 41 de la présente Convention.

ARTICLE 43. — La garde est faite par des bâtiments de police maritime ne jaugeant pas plus de 3.000 tonnes et armés de deux canons au maximum, dont le calibre ne dépasse pas 50 millimètres.

Les équipages des bâtiments de police sont recrutés par voie d'engagements volontaires.

Pour l'armement de l'équipage, il n'est pas permis de conserver plus de vingt fusils ou pistolets, conformément à l'article 39 de la présente Convention.

ARTICLE 44. — La garde douanière dans les eaux territoriales est réalisée par des bâtiments non armés de police douanière maritime, ne jaugeant pas plus de 100 tonnes.

Le nombre des bâtiments susmentionnés pour chacun des Etats contractants est déterminé par une convention spéciale, selon la longueur de la ligne côtière.

Le personnel de la police maritime douanière peut être armé de fusils et de pistolets et sert sur les bases établies à l'article 43 de la présente Convention.

Remarque. — Les limites des eaux territoriales sont à établir par un accord spécial.

CHAPITRE IV

Contrôle.

ARTICLE 45. — Dans les trois mois à partir de l'entrée en vigueur de la présente Convention sont organisés une Commission internationale permanente de contrôle, des comités de contrôle dans chacun des Etats contractants et des commissions de contrôle locales.

ARTICLE 46. — La Commission internationale permanente de contrôle est chargée :

a) De la surveillance et du contrôle de la marche normale et proportionnelle du désarmement, de la coordination générale des mesures relatives à la réalisation des dispositions de la présente Convention et de la notification à chaque Etat des infractions aux stipulations de la présente Convention;

b) De l'établissement d'un accord sur les mesures de pression d'un caractère non militaire à prendre vis-à-vis des différents Etats qui troubleraient la marche normale du désarmement prévue par la présente Convention et les conventions supplémentaires qui la complètent;

c) De la désignation des lieux, de la marche à suivre et des conditions techniques de la destruction du matériel, de même que de l'élaboration de tous les accords techniques complémentaires indispensables;

d) De la désignation des lieux de production militaire, de son volume, ainsi que du règlement du trafic des armes;

e) De la mise au courant de l'opinion publique sur la marche des travaux du désarmement.

Article 47. — La Commission internationale permanente de contrôle est composée en nombre égal des représentants des corps législatifs et des organisations syndicales et autres organisations ouvrières de tous les Etats participant à la présente Convention.

Dans la suite, la Commission internationale permanente de contrôle peut être complétée par des représentants d'associations internationales ayant pour but la lutte pour l'établissement de relations pacifiques entre les Etats et ayant justifié ce but par leur activité, si ces associations expriment le désir de participer à la Commission internationale permanente de contrôle.

Le siège de la Commission internationale permanente de contrôle est à ,,.........

Article 48. — Près de la Commission internationale permanente de contrôle fonctionne un Comité international permanent d'experts, composé d'experts militaires, navals et aériens et autres experts de tous les Etats participant à la présente Convention, dans un nombre égal.

Article 49. — Le Comité international permanent d'experts agit sous la direction de la Commission internationale permanente de contrôle; il donne ses avis et s'occupe de toutes les questions spécialement techniques ayant trait à l'exécution de la présente Convention.

Article 50. — La Commission de contrôle dans chacun des Etats est composée de représentants de la Commission internationale permanente de contrôle nommés par celle-ci, de représentants des associations et organisations publiques, syndicales et ouvrières, ainsi que de représentants des paysans et des hommes de troupe des forces armées de l'Etat respectif.

La nomination des membres de la Commission de contrôle est confirmée par la Commission internationale permanente de contrôle.

Le siège de la Commission de contrôle est la capitale de l'Etat respectif.

ARTICLE 51. — Les Commissions de contrôle de chaque État coordonnent les travaux de désarmement des commissions de contrôle locales dans un sens absolument conforme à la présente Convention et aux indications de la Commission internationale permanente de contrôle.

ARTICLE 52. — Les commissions de contrôle locales sont composées des représentants des organisations municipales, publiques, syndicales et ouvrières, ainsi que de représentants des paysans et des hommes de troupe de l'armée.

Le nombre des commissions de contrôle locales, les lieux de leur résidence et le rayon de leur activité sont déterminés par la Commission de contrôle de l'État respectif. C'est cette dernière qui approuve la composition des commissions de contrôle locales.

ARTICLE 53. — Les commissions de contrôle locales procèdent directement au désarmement dans le rayon de leur activité, conformément aux indications de la Commission de contrôle de leur État.

ARTICLE 54. — Ne peuvent être membres des commissions de contrôle centrale ou locales :

a) Les ex-militaires professionnels, de même que les fonctionnaires des ministères de la Guerre, de la Marine militaire et de l'Aéronautique militaire;

b) Les propriétaires et grands actionnaires des entreprises d'industrie militaire, les propriétaires et grands actionnaires des entreprises de banque et de commerce, intéressés dans l'industrie militaire et dans le trafic des armes, ainsi que les employés supérieurs de toutes ces entreprises.

ARTICLE 55. — Tous les États contractants, partant du principe de la plus large publicité des travaux de désarmement, accordent aux organes de la Commission internationale permanente de contrôle toutes facilités pour l'investigation complète des branches de l'activité de l'État, des associations publiques et des particuliers qui ont trait à la réalisation du désarmement ou qui, selon la décision de la

Commission internationale permanente de contrôle ou de ses organes, font naître des doutes concernant la possibilité d'inobservation des engagements solennellement contractés sur le désarmement et sur la cessation de tous les préparatifs militaires.

ARTICLE 56. — Les décisions de la Commission internationale permanente de contrôle sont prises à la majorité des voix et sont obligatoires pour tous les Etats contractants.

ARTICLE 57. — Les frais d'entretien de la Commission internationale permanente de contrôle et de ses organes, de même que les dépenses relatives au travail de contrôle, sont couverts par tous les Etats contractants dans une proportion établie par une Convention spéciale.

Les commissions de contrôle nationales et locales sont à la charge de chacun des Etats contractants.

CHAPITRE V

Accords complémentaires, infractions à la Convention, ratifications.

ARTICLE 58. — Dans le délai d'une année à partir de l'entrée en vigueur de la présente Convention, tous les Etats contractants promulguent des actes législatifs, d'après lesquels l'infraction à toutes les stipulations de la Convention est considérée comme un crime grave d'Etat.

Simultanément sont abrogés ou dûment modifiés tous les actes d'importance nationale ou internationale qui contredisent les clauses susmentionnées.

ARTICLE 59. — Dans le délai de 9 mois à partir de l'entrée en vigueur de la présente Convention sont conclues les conventions suivantes :

a) Conformément à l'article 8 de la présente Convention, une convention sur le nombre d'états-majors, de directions, d'établissements et d'institutions laissées à chacun des Etats contractants jusqu'à l'achèvement du désarmement complet et général;

b) Conformément à l'article 15 de la présente Convention, une convention sur les limites de la quantité des armes pour la défense personnelle et la chasse;

c) Conformément à l'article 28 de la présente Convention, une convention sur le nombre des aéronefs destinés à satisfaire aux besoins sociaux et économiques de chacun des Etats contractants;

d) Conformément à l'article 29 de la présente Convention, une convention établissant la liste des forteresses, des fortifications et des bases maritimes et aériennes devant être détruites;

e) Conformément aux articles 34, 35 et 39 de la présente Convention, une convention relative à l'entrepôt, la production et le commerce d'un minimum d'armement;

f) Conformément aux articles 41, 42, 43 et 44 de la présente Convention, une convention traitant de la protection sur mer, de la répartition des zones de protection maritime et sur le nombre de bâtiments indispensables pour la police maritime et pour la garde douanière;

g) Une convention prévoyant le statut de la Commission internationale permanente de contrôle et de ses organes, de même que la proportion des dépenses pour son entretien;

h) Une convention au sujet des mesures de pression d'un caractère non militaire à prendre à l'égard des Etats qui troubleraient la marche normale du désarmement, telle qu'elle est prévue dans la présente Convention et dans les accords supplémentaires qui la complètent.

Remarque. — Les mesures d'organisation pour la convocation des participants à la présente Convention à une conférence destinée à conclure toutes les conventions supplémentaires, mentionnées dans le présent article, incombent à la Commission internationale de contrôle.

Article 60. — En cas d'infraction directe à la présente Convention de la part d'un des Etats contractants, une

Assemblée extraordinaire des représentants des Etats contractants participant à la présente Convention est dans le plus bref délai convoquée par la Commission internationale permanente de contrôle pour décider les mesures à prendre.

Ces mesures de pression ne doivent pas avoir de caractère militaire.

Tous les différends entre tel et tel Etat sont tranchés par la Commission internationale permanente de contrôle.

Article 61. — La présente Convention entre en vigueur à partir de sa ratification par tous les Etats, conformément à la pratique législative de chacun des Etats contractants.

Article 62. — Pour établir la ligne de conduite à l'égard des Etats manquant à ratifier la présente Convention, les Etats contractants convoquent un Congrès universel au mois de .... 192.... à ....

Article 63. — Les actes de ratification sont dressés en cinq exemplaires et sont déposés dans une des capitales de chacune des cinq parties du monde.

L'obligation de notifier à tous les Etats contractants la ratification de la présente Convention, conformément aux dispositions prévues à l'article 61 incombe à.............

Résumé du Projet de Convention

*Le mémorandum suivant, annexé au projet de conven-
tion, résume les principes qui ont présidé à son élaboration.*

1° Le projet de Convention sur le désarmement général,
complet et immédiat est basé sur la destruction des éléments principaux constituant la puissance militaire d'un
pays, notamment des forces armées organisées de terre et
de mer et aériennes, du matériel et des branches de l'industrie qui sont liées à la production des armements.

En outre, le projet de Convention prévoit qu'à l'expiration d'une année après son entrée en vigueur, les forces
de terre, de mer et aériennes de tous les Etats sont réduites
à un tel effectif qu'il empêcherait leur utilisation pour la
guerre, ce qui limite la possibilité de conflits armés, même
avant la réalisation complète du désarmement.

2° Le projet de Convention expose seulement les principes généraux du désarmement, ceux qui sont applicables
aux forces armées de tous les Etats, sans entrer dans l'examen des particularités de chacun d'eux, en partant de la
considération que, lors de l'adoption des principes essen-
tiels, toutes ces particularités feront l'objet d'une discussion
ultérieure de la question du désarmement dans son
ensemble.

Ainsi, même dans ce cas, tombe la nécessité d'élaborer
les détails techniques, étant donné que cette tâche incom-
bera à un organe spécial qui doit être créé après l'entrée
en vigueur de la Convention.

3° Le chapitre Ier du projet de Convention contient les
principes du désarmement concernant l'effectif.

Il prévoit, pour la première année, la libération de la
moitié de tout l'effectif des officiers, fonctionnaires, simples soldats, la fermeture des écoles militaires, des ministères
de la Guerre, de la Marine et de l'Aéronautique militaires,

des états-majors, directions, institutions et établissements militaires et, en même temps, la destruction des plans de mobilisation des forces armées et des états des réserves instruites.

Par ces moyens, les armées et les flottes seront mises dans une situation rendant difficile leur utilisation pour des fins d'agression d'un Etat contre un autre. La fraction maintenue a pour but principal de réaliser le désarmement en ce qui concerne le matériel, dont la destruction exige une certaine main-d'œuvre pour l'accomplissement de toute sorte de travaux.

A ce propos, on conçoit les questions relatives à l'organisation de forces armées pour la réalisation de la première étape du désarmement comme questions d'ordre intérieur de chacun des Etats.

En ce qui concerne les armées, organisées d'après le système territorial, avec des cadres peu nombreux, complétés périodiquement par un effectif changeant, le désarmement se fait d'après le même principe, c'est-à-dire qu'à l'extinction de la première année, 50 % du cadre et 50 % des réserves instruites, comptées dans l'effectif changeant, sont licenciés.

Dans le reste, le chapitre Ier du projet de Convention développe et précise les propositions avancées par la délégation de l'U. R. S. S. lors de la IVe session de la Commission préparatoire à la Conférence du désarmement.

4° Le chapitre II contient les dispositions principales concernant la destruction du matériel :

a) Ce chapitre a, de nouveau, en vue la partie principale du désarmement pendant la première étape, notamment la destruction de toutes les réserves de matériel destiné à la mobilisation des forces armées, les moyens de lutte susceptibles d'être employés contre la population civile devant être détruits en premier lieu;

b) Après la première étape du désarmement, on conservera dans tous les Etats la quantité d'armes et de munitions rigoureusement nécessaires pour la quantité de forces armées maintenues dans les années suivantes. En outre, la proportion des moyens techniques de lutte devra être limitée par une Convention spéciale. Cette limitation, comme d'ailleurs toutes les mesures prévues au chapitre Ier, ont pour but d'empêcher l'utilisation des armements maintenus pendant ces années pour des buts de guerre;

c) Par destruction du matériel, on comprend sa mise dans un tel état qu'il exclue toute possibilité d'utilisation pour des buts de guerre.

La technique de la destruction du matériel doit être élaborée ultérieurement dans tous ses détails sur la base de l'utilisation maximale des matériaux, précieux pour les besoins de la production non militaire et pour l'amélioration du bien-être des peuples;

d) L'article 15 du projet de Convention prévoit la conservation des fusils de chasse de modèle non militaire et des revolvers pour la chasse et la défense individuelle. Vu l'état social qui existe dans la plupart des États, ces mesures sont particulièrement nécessaires dans les pays ayant un réseau de voies de communication faiblement développé;

e) En ce qui concerne les armements maritimes, le projet de Convention prévoit en premier lieu la destruction des bâtiments de ligne, des croiseurs, des porte-avions, etc., tous ces moyens servant en général à la réalisation de buts impérialistes. Les catégories des bâtiments de guerre énumérés plus haut sont exclus de l'effectif de la flotte de guerre, avec licenciement immédiat de l'effectif des hommes les desservant, ce qui limite la possibilité d'utilisation de ces bâtiments; ensuite tout le matériel de l'artillerie de bord est mis hors d'état, puis enlevé et détruit (on enlève d'abord les parties indispensables des canons, les dispositifs de pointage, les dispositifs pour la direction du feu de l'artillerie, les appareils pour lancer des mines et des torpilles, etc.); en même temps que le matériel est rendu inutilisable, les munitions, les mines et les torpilles sont détruites. De cette façon, l'utilisation pour la guerre des bâtiments de guerre devient impossible sans de longs préparatifs.

Le projet de Convention admet l'emploi des bâtiments de guerre désarmés, en qualité de navires marchands après les transformations nécessaires.

Par désoutillage des navires de guerre, on conçoit le désarmement des bâtiments de guerre, comme l'enlèvement des cuirasses, la destruction des appareils spéciaux, par exemple : tours, plateformes pour les pièces d'artillerie, roufs de guerre, plateformes pour avions, moyens de liaison militaire et tous autres dispositifs spéciaux ayant une destination militaire;

f) Le désarmement des forces armées aériennes prévoit en premier lieu la destruction de l'aviation et de l'aéronautique lourdes, en tant que moyens de guerre. Prenant en considération l'importance sociale de l'aviation, comme moyen de communication, le projet de Convention n'en subordonne pas le désarmement à la destruction du matériel, étant donné qu'une partie des aéroplanes peut être transformée en vue d'être utilisée dans le domaine social et économique; mais comme l'adaptation des aéronefs pour le lancement des engins de guerre n'offre pas de grandes difficultés et peut être opérée en une courte période de temps, il est nécessaire de coordonner le nombre des aéronefs de la flotte aérienne civile avec les besoins réels, ce qui est prévu par l'article 28 du projet de Convention;

g) Les fortifications et les bases doivent être détruites, étant donné qu'elles peuvent servir de places d'armes pour l'agression;

h) La question de la destruction des industries militaires offre une complexité particulière, étant donné qu'une industrie bien développée recèle de grandes forces potentielles pour la production des moyens d'armement. Cependant, là encore, il y a toute une série d'éléments fondamentaux, dont la destruction entravera grandement la production des armes. Au nombre de ces éléments, il convient de citer : les dessins, instruments de mesure, moules, métiers, machines, automates, appareils spécialement destinés à la fabrication des articles de guerre. En outre, la démilitarisation elle-même des usines de guerre, leur utilisation pour la fabrication d'articles non militaires, l'emploi d'un outillage non spécialement militaire dans les autres usines, ainsi que la destruction des éléments nécessaires à la préparation de la mobilisation compliqueront, dans une très large mesure, l'utilisation de ces usines pour les buts de la guerre.

5° Le chapitre III est consacré à l'organisation de la protection et, à ce propos, pour couper court à toute possibilité d'utiliser les différentes formations dans des buts militaires ou bien de créer sur la base de ces formations des forces militaires dissimulées, l'effectif de la police (ou milice), de la gendarmerie et des autres formes de garde, pendant le laps de quatre ans prévu pour réaliser le désarmement général et complet, doit être rigoureusement fixé dans les proportions existant actuellement. Plus tard, l'effectif de la garde douanière et fiscale et de la police municipale doit être fixé par une Convention spéciale, partant du principe de la proportionnalité avec le chiffre de la population, l'étendue du réseau des voies de communication, les objets à garder et le développement de l'économie forestière.

Toutes les variétés de gardes intérieures doivent être munies des armes modernes les plus simples, vu que la conservation d'armements plus compliqués peut faciliter l'utilisation de ces formations en qualité de forces armées pour des agressions de la part des Etats plus forts contre les Etats plus faibles.

La protection maritime est conçue non pas comme relevant d'un Etat en particulier, mais comme desservant les besoins de tout un groupe d'Etats, ce qui exclut toute possibilité de l'utiliser pour des fins impérialistes. Pour l'armement de la police maritime, il n'est réservé que les moyens rigoureusement nécessaires, en vue de l'accomplissement des tâches qui lui incombent.

6° Bien que le désarmement complet et général ne puisse dépendre que de la bonne volonté de tous les Etats, cependant il paraît nécessaire de le réglementer en ce qui concerne les étapes consécutives et la proportionnalité, ainsi que de fonder un institut spécial pour élaborer les conditions techniques du désarmement et résoudre les questions litigieuses pouvant surgir.

Dans ce but, le chapitre IV du projet de Convention expose les principes d'un contrôle basé sur une large réciprocité dans son accomplissement, sur une publicité entière et sur la participation des groupes de la population les plus intéressés à la réalisation la plus rapide du désarmement.

Comme le monde n'a pas actuellement d'arbitre, aux décisions duquel seraient soumis tous les Etats, ce droit serait éventuellement conféré à une Commission internationale permanente de contrôle, ce qui suppose naturellement la bonne volonté et le consentement de tous les Etats. La composition de cette Commission est une garantie de l'impartialité de ses décisions et la présence auprès d'elle d'un Comité d'experts, permet de compter sur la solution rapide des questions techniques.

7° Le chapitre V contient des indications pour la conclusion de conventions complémentaires sur diverses questions se rapportant au désarmement, pour la procédure de ratification des conventions ou la solution des questions relatives à sa violation.

Ce dernier groupe de questions est précisément le plus complexe; cependant, le projet de Convention exclut l'application de toute mesure de pression de caractère militaire contre qui que ce soit, — ces mesures pouvant donner lieu à de graves conflits internationaux, — dans l'espoir que la bonne volonté de la majorité des Etats de mener à bonne fin le désarmement complet et général permettra toujours de trouver, à l'égard des Etats cherchant à violer les obligations assumées par eux, d'autres moyens pour les obliger à l'accomplissement de leurs engagements.

TABLE

	Pages
Préface d'ARMAND CHARPENTIER	3
Pourquoi l'U. R. S. S. s'est fait représentée à Genève	7
Le Discours de Litvinov	11
Annexe au Discours de Litvinov	20
Deux Déclarations	
I. 30 novembre	29
II. 3 décembre	30
Le Compte rendu de la délégation	32
Le projet de désarmement de l'U. R. S. S.	46
Résumé du projet de convention	69

Imp. GRIFFAY, 19, Rue Castagnary, Paris

André DELPEUCH, Editeur

51, Rue de Babylone - PARIS-VII'

EXTRAIT DU CATALOGUE

Appel aux Consciences, avec un avant-propos de *Victor Margueritte*. Une plaquette in-8 couronne .... 2 »

Les Alliés contre la Russie, Avant, pendant et après la guerre mondiale (Documents historiques, par *Zaiontchkovsky*, *Anders*, *Ecorleff*, etc. Un vol. in-8 raisin .... 18 »

Marie Bernsin de Ravisi : Sous la Dictature de Clemenceau. Un forfait judiciaire : le procès Paul-Meunier, Judet, Bonard. Un vol. in-8 carré .... 15 »

Boghitchevitch : Le procès de Salonique, avec deux portraits hors texte du colonel *Dimitrievitch* .... 15 »

George Bonnamour : Le rapprochement franco-allemand. 1 vol. in-8 couronne .... 15 »

Georges Demartial : L'Evangile selon le quai d'Orsay. 1 vol. in-8 couronne 12 50

R. Raphaël Dubois : Lettres sur le Pacifisme scientifique et l'Antithèse., avec un portrait de l'auteur. Un vol. in-8 couronne. 12 »

Gustave Dupin : Les Chroniques d'Ermenonville. Un vol. in-8 carré 12 »

Alcide Ebray : « Chiffons de papier ». Un vol. in-8 carré .... 20 »

Grillot de Givry : Le Christ et la Patrie. Un volume in-8 couronne 7 50

Louis Guétant : La Revision du traité de Versailles, lettre ouverte au citoyen *Th. Ruyssen*. Une brochure in-8 couronne 1 50

Louis Guétant : Une Campagne Pacifiste pendant la Guerre, préface de *Gouttenoire de Toury*. Un volume in-8 carré .... 10 »

Ernest Judet : Le Vatican et la Paix, de Léon XIII à Pie XI ...... 15 »

J. F. Merlet et Gaston Delon : Si la Presse voulait. Une brochure in-8 couronne .... 2 »

G. Michon : L'Alliance franco-russe. Un volume in-8 carré .... 25 »

Général de Montgelas : Les responsabilités de la guerre : Un Plaidoyer allemand, traduction, avant-propos et notes de *F. Gouttenoire de Toury*. Nouvelle édition, un volume in-8 carré 12 »

André Ott : L'infernal Désarroi, notes de voyages européen ...... 18 »

Général Percin : Le Désarmement moral. Une brochure 1 50

Francis Pichon : La Victoire stérile. Un volume in-8 couronne .... 12 »

Prix 3 francs